W0380309

GOLDMANN
Lesen erleben

Buch

1928 in Berlin geboren, wächst Hardy Krüger unter dem NS-Regime auf und spielt bereits mit fünfzehn Jahren seine erste Filmrolle in *Junge Adler*. Ufa-Star Hans Söhnker konfrontiert ihn in dieser Zeit mit der Wahrheit über die Verbrechen der Nazis – und so wird aus dem bis dahin überzeugten Adolf-Hitler-Schüler der Kurier einer Gruppe von Deutschen, die jüdischen Mitbürgern das Überleben in der Schweiz ermöglichten. Kurz vor Kriegsende muss der sechzehnjährige Krüger an die Front, wird wegen Befehlsverweigerung zum Tode verurteilt und entgeht der Vollstreckung nur knapp.

Nach 1945 startet er eine internationale Filmkarriere und spielt für namhafte Regisseure an der Seite von Weltstars wie Charles Aznavour, Richard Burton, John Wayne, James Stewart und Sean Connery. Zeitlebens bleibt Krüger ein Wanderer zwischen allen Kontinenten und kämpft bis heute gegen Rechtsextremismus und Fremdenfeindlichkeit.

Autor

Hardy Krüger, geboren 1928, erlernte sein Handwerk auf deutschen Bühnen und startete schon früh eine internationale Schauspielerkarriere, wurde – mit bislang sechzehn Büchern – erfolgreicher Schriftsteller und schrieb mit der Reportage-Reihe *Weltenbummler* TV-Geschichte. Fast zwanzig Jahre lang lebte Krüger im afrikanischen Busch zu Füßen des Kilimandscharo, wo er während der Dreharbeiten an dem Filmklassiker *Hatari* die Farm Momella kaufte. Er ist Offizier der Französischen Ehrenlegion und Träger des Großkreuzes zum Verdienstorden der Bundesrepublik.

Die Journalisten **Olaf Köhne** und **Peter Käfferlein** blicken auf eine langjährige Laufbahn in der deutschen Fernsehlandschaft zurück. Von 2006 bis 2014 verantworteten sie als Chefredakteure den ARD-Talk. Zuletzt erschien ihr Gesprächsband mit Lilo Pulver: *Dem Leben ins Gesicht gelacht*.

Hardy Krüger

Was das Leben sich erlaubt

Mit historischen Ergänzungen
von Peter Käfferlein und Olaf Köhne

GOLDMANN

In unendlicher Dankbarkeit
Hans Söhnker
gewidmet

FSC
www.fsc.org
MIX
Papier aus verantwortungsvollen Quellen
FSC® C014496

Verlagsgruppe Random House FSC® N001967

2. Auflage
Vollständige Taschenbuchausgabe November 2017
Wilhelm Goldmann Verlag, München,
in der Verlagsgruppe Random House GmbH,
Neumarkter Str. 28, 81673 München

Umschlaggestaltung: Uno Werbeagentur, München, nach einem Entwurf von Hannah Kolling, © Hoffmann und Campe
Umschlagfoto: © Anita Krüger
Satz: Satzwerk Huber, Germering
Druck und Bindung: GGP Media GmbH, Pößneck
Printed in Germany
KW · Herstellung: CB
ISBN 978-3-442-17727-1
www.goldmann-verlag.de

Besuchen Sie den Goldmann Verlag im Netz:

VORWORT

»Beim Nachdenken über unser Buch, das von Grausamkeiten, Schönheit, Krieg und Frieden sprechen wird, ist mir die Vermutung in den Kopf gekommen, dass Sie beide mit dem Schicksal eines Einzelnen in den Jahren 1933 bis 1945 den Lesern das Schicksal eines Volkes in Erinnerung bringen wollen. Wunderbar! Ich bin dabei!«, schreibt uns Hardy Krüger in einer E-Mail.

Hardy Krüger, Schauspieler, Schriftsteller und Weltenbummler, hält sich gerade in seinem Haus in den Bergen östlich von Los Angeles auf, einer Blockhütte, die er vor mehr als dreißig Jahren gebaut hat. Skyland Oaks heißt das Gebiet.

Kennen und schätzen gelernt haben wir Hardy Krüger schon vor Jahren, immer wieder sind wir ihm durch unsere journalistische Arbeit beim Fernsehen, u. a. für Beckmann, *begegnet. Krügers Lebensgeschichte hat uns stets interessiert und fasziniert. Er ist Zeitzeuge eines bewegten Jahrhunderts. Einer, der sich nie den Mund hat verbieten lassen, wenn ihm etwas gegen den Strich ging. Das gilt heute noch, wenn Krüger mit großer Leidenschaft gegen Neonazis und Fremdenhass kämpft. Regelmäßig besucht Krüger Gymnasien, berichtet den Schülern von seinen Jugendjahren in Nazi-Deutschland und von seinen Erlebnissen und Erfahrungen während des Zweiten Weltkriegs.*

Er diskutiert, klärt auf und warnt. Vor Politikverdrossenheit.

Genau davon soll dieses Buch handeln: Wir möchten wissen, was den jungen Hardy Krüger geprägt hat, was ihn heute antreibt und wie er die Welt von morgen sieht.

Im Sommer 2015 treffen wir Hardy Krüger in seinem Haus nahe Los Angeles. Immer in seiner Nähe ist Ehefrau Anita, von ihm liebevoll »Luv« genannt. Sie ist Amerikanerin, von Beruf Fotografin und Autorin, eine leidenschaftliche Weltenbummlerin wie ihr Mann. Anita ist Krügers Lebensmittelpunkt, sein Anker seit vierzig Jahren.

»Gehen wir's also an. Ich schreibe die Höhen und die Tiefen auf«, sagt Hardy Krüger zu uns. »Von einem Deutschen und seinem Land. Und Ihr fügt Historisches an. Erläuterndes zu meinen Geschichten, wo immer es nötig ist.«

»So wird's gemacht«, sagen wir.

»Also, liebe Co-Autoren, wo soll ich denn nun anfangen?«

»Wir wär's mit – von vorne? Sie haben das Licht der Welt im Berliner Wedding erblickt …«

»Das mit dem Wedding stimmt. See-, Ecke Müllerstraße, ganz genau gesagt. Als wär's ein Omen, steht da jetzt ein Kino, aber …«

»Aber?«

»Das mit dem Licht der Welt stimmt nicht. Dazu werde ich noch das eine oder andere aufzuschreiben haben …«

Olaf Köhne und Peter Käfferlein

MEIN DEUTSCHLAND UND ICH

EIN BUCH DER SCHICKSALSNÄHE zwischen mir und meinem Land habe ich im Herbst zu schreiben begonnen. Herbst 2015. Die stille Weite Kaliforniens war ein guter Platz dafür. Den Rat der beiden Co-Autoren, »von vorne« anzufangen, habe ich befolgt. Gleich auf die erste Seite habe ich getippt: Meine Geburt hat im Ehebett der Eltern stattgefunden. Die Urkunde darüber ist im April geschrieben worden, an einem zwölften, und 1928 war das Jahr. Das »Erblicken der Welt« jedoch wollte auf Anhieb nicht gelingen. Als mir nämlich die Hebamme beim Weg aus dem schönen Leib der Mutter behilflich war, habe ich die Welt nicht sehen können. Auch das Licht, von dem die Rede war, habe ich nicht gesehen. Konnte es nicht gesehen haben. Denn, wenn ich es richtig verstanden habe, sind alle Babys am Anfang blind.

Es scheint mir wichtig zu erwähnen, wer die Hebamme gewesen ist. Eine Großmutter nämlich. Aber nicht irgendeine. Sondern ganz persönlich meine. Und auch sie hat nichts gesehen. Denn – ebenso wie ihr neugeborener Enkelsohn – war sie blind. Altersblind. Doch Bedauern mit sich selbst, so heißt es, hat sie nicht gekannt.

Als sie mich in die Arme meiner Mutter legte, hörte sie die Erschöpfte rufen: »O Gott! O großer, großer Gott!«

»Wat is mit Jott?«, hat Großmutter gefragt.

»Wie hässlich! Diese Lippe!«

»Wat is mit de Lippe?«

»Hochgerutscht ist die! Ganz weit nach oben rauf! Bis über die Nase weg!«

»Diss macht nischt …« ist die Meinung meiner Großmutter gewesen. »Schieb det Misrat'ne janz einfach 'n Stück weita runta, bis da, wo so 'ne Lippe hinjehört.« Und zur Beruhigung der besorgten Mutter hat sie noch die Erkenntnis ihres Lebens kundgetan:

Gustchen Krüger mit ihrem geliebten Bündel Glück

»Een Mann muss nich scheen sein, um 'ne Frau vor lauta Liebe atemlos zu mach'n«, und lachend hat sie noch hinzugefügt. »Allet, wat so 'n Kerl braucht, is 'n Jeschenk vom lieben Jott. Eenet wat ville Namen hat. Wat bei mia aba Schnippedillrich heißt.«

Über diese Episode ist zu sagen, dass ich den Dialog zwischen Hebamme und der Gebärenden nur vom Hörensagen kenne. Das versteht sich ja von selbst. Ich habe ihn aber über meine Erwachsenenjahre hinweg so oft hören müssen, dass ich ihn fehlerfrei aus dem Gedächtnis wiedergeben kann.

WIE GESAGT, IST ES HERBST GEWESEN, als ich mit dem Buch begann, und gut zehn Monate habe ich mit den Erinnerungen zugebracht. An einem Tisch, den mir Sean Connery mal überlassen hat, weil er ihn selbst nicht stellen konnte.

Ich weiß noch, dass ich am ersten Tag des Schreibens in einen blauen Himmel hochgesehen habe, der Computer war angeworfen, und beim Denken über das neue Buch ist mir die Frage durch den Kopf gegangen, wie in drei Teufels Namen es nun weitergehen soll. Die Antwort darauf kam, wie es in meinem Leben oft geschieht, von der inneren Stimme: »Verlass den Wedding«, hat die Stimme mir gesagt. »Mach in Kassel weiter.«

»Hmmm. In Kassel«, habe ich überlegt. »Das bedeutet, das Buch geht mit den Eltern weiter: Ich habe die beiden sehr geliebt. Und ohne die wäre ich nicht hier.«

Richtig. Also Kassel. Wo Max Krüger Ingenieur gewesen ist. Bei einer Fabrik, die Lokomotiven baute. Henschel & Sohn hat sie geheißen. Vaters Auskommen war gut. Und seine Frau ist jung gewesen. Vater betete sie an. Sie war eine geborene Meier. Vorname Auguste. Mit leiser Zärtlichkeit nannte er sie Gustchen. Jeder fand sie schön.

Das erste Kind war eine Tochter. Ilse. Kaum war die sechs Jahre alt, da zogen die Krügers nach Berlin. Und da hat Mutter mich zur Welt gebracht. Im Wedding. Doch das habe ich ja bereits erzählt.

Der Umzug nach Berlin ist entschieden worden, weil's in der Hauptstadt besser bezahlte Arbeit gab. Und zwar in einer Fabrik am Rand des Flugfelds Tempelhof. Anstelle von Lokomotiven konstruierte der Ingenieur Krüger fortan Maschinen. Solche für den Straßenbau.

Das Wort »fortan« ist mir bei Schwester Ilse und den Eltern eher rausgerutscht, als es durchdacht gewesen ist. Denn »fortan« lässt an einen längeren Zeitraum denken. Den gab es aber nicht. Mein »fortan« hat kaum ein halbes Jahr gehalten, da stürzte das Glück von Max und seinem Gustchen in nie gekannte Tiefen ab. Gerade so, als wäre das Leben eine Achterbahn, ging es von »himmelhoch jauchzend« rasend schnell nach »zu Tode betrübt« – nach unten. Und so habe ich von Schlimmem zu berichten. Von einer Krise. Einer Tragödie. Einer, als Banken Pleite machten. Als

Fabriken schlossen. Als Menschen sich aus Fenstern zu Tode stürzten. Als Vater arbeitslos geworden war. Ich spreche von der Weltwirtschaftskrise, die bis in unsere Tage als große Angst vor Wiederholung weiterlebt.

WELTWIRTSCHAFTSKRISE
Am 24. und 25. Oktober 1929 sinken an der Wall Street die Aktienkurse ins Bodenlose. Die Nachricht vom »Schwarzen Freitag« geht um die Welt. Auch Deutschland gerät in den Strudel der Weltwirtschaftskrise. Der Boom der zwanziger Jahre endet jäh. Die Zahl der Arbeitslosen in Deutschland steigt bis 1933 auf über sechs Millionen an. Die Realeinkommen sinken um ein Drittel, Armut und Kriminalität nehmen zu. Die Bevölkerung verliert zunehmend das Vertrauen in die junge Demokratie der »Weimarer Republik«. Dies ist einer der Faktoren, die zum Aufstieg Adolf Hitlers führen, der verspricht, die wirtschaftlichen Probleme zu lösen, und der 1933 die Macht übernimmt.

JA. GENAUSO WAR'S. Max Krüger wurde arbeitslos. Um seine Familie zu ernähren, arbeitete der Ingenieur am Bahnhof. Dem Anhalter Bahnhof. Schleppte Koffer. Gegen Hungerlohn. Und am Ende seines Tunnels gab es nicht das kleinste bisschen Licht. Doch als die Not am größten war, griff das Schicksal ein und die eben abgestürzte Achterbahn rauschte ratternd steil nach oben. Was dahinter steckt, ist Folgendes:

Im Wedding, See-Ecke-Müller, fuhr eine schwere Limousine vor. Eine amerikanische. Rechtsgesteuert. Marke Packard. Am Heck das ovale Schild eines fremden Staates. Schwarze Buchstaben auf weißem Grund: SAU. Abkürzung für SOUTH AFRICAN UNION. Auf Deutsch keinen Krümel anders. SAU.

SÜD-AFRIKANISCHE UNION.

Der Wagen war auf einem Ozeanriesen von Kapstadt über Hamburg nach Berlin gekommen. Vor dem Haus, das – soweit ich weiß – schon damals ein Kino war, hielt ein livrierter Chauffeur den Schlag des Wagens auf. Ein untersetzter Mann stieg auf den Bürgersteig hinaus. So sah er aus: Schultern breit, Beine voller Kraft. Gesicht mit Furchen. Haare mit Bürstenschnitt, Haarfarbe weiß. Die Haut hell. Die Lippen voll.

Wer da kam, war ein Cousin von Vater. Für mich wurde er zu Onkel Albert. Aber das erst Jahre später. Sein Lebenslauf hat mich begeistert. Weil auch die Leser dieses Buches ganz sicher den Charakter dieses Mannes schätzen werden, schreibe ich seine Geschichte jetzt hier auf.

ONKEL ALBERT WAR SCHLACHTERMEISTER. Ursprünglich aus Neuruppin. Als ganz junger Mann ist er ausgewandert nach Südafrika. Seine junge Braut hat er gleich zu Anfang mitgenommen. In Kapstadt, weit am Hafen unten, haben sie einen Grillstand aufgebaut. Deutsche Bratwürste sind bei den *Longshoremen* zum Erfolg geworden. Die Bouletten ebenso, und die blonde Braut aus Neuruppin hat bei den Schwarzen Beachtung ausgelöst. Aus dem Grillstand ist schon bald ein kleiner *Store* geworden, kurz danach waren es zwei und schließlich mehrere Filialen. Nur ein paar Jahre später haben die jungen Unternehmer Kühlhäuser aufgemacht. Über das weitgestreckte Land der Buren waren sie verteilt. Und kaum war der Stummfilm in Kalifornien zum Erfolg geworden, da finanzierte Onkel Albert im Süden Afrikas eine Kinokette. Außerdem gab es da noch seine Hengste, die aus Arabien stammten. Wie erwartet brachten die bei Pferderennen weiteren Gewinn. Summa summarum also: wegen Alberts weitgestreuter Geldanlagen berührte ihn die Weltwirtschaftskrise kaum.

Doch nun wird's traurig. Denn mitten hinein in ein Schaffen, das er emsig nannte, starb ihm die geliebte Frau. Und es geschah in dieser Zeit des Schmerzes, dass er einen Packen Briefe las, die seine Erna und Gustchen, meine Mutter, sich geschrieben hatten. Unerwartet musste er darin von Armut lesen, einer, aus der es keinen Ausweg gab. Das hat den Witwer sehr berührt. Er dachte nach. Für eine Auswanderung nach Südafrika war Cousin Max nicht mehr jung genug. Finanzielle Unterstützung anzubieten, erschien Albert nicht als guter Plan. Der Stolz des Weddingers ließ das nicht zu. Schließlich sagte sich der Mann, die Antwort nach dem *Wie* der Hilfe könne in einem Brief zu suchen sein. So kam es dann, dass der Multimillionär für einen Kofferträger Schicksal spielte. Und zwar so:

Ein Brief, von Kapstadt in den Wedding, fragte an, ob Max dem Albert einen Gefallen tun würde. Die wegen der

Mein großes Abenteuer: Vaters Motorrad

tragischen Inflation abgestürzten Immobilienpreise in der alten Heimat, so stand mit steiler Schrift geschrieben, machten dem Südafrikaner das *Investment* in eine Berliner Wohnanlage durchaus bedenkenswert. Wäre es wohl zu viel verlangt, wenn Max einmal danach Umschau halten würde?

Vater hat mir nie erzählt, ob er den dankenswerten Plan seines Cousins damals durchschaute. Später einmal hat er davon gesprochen, dass er, wie gewünscht, für den guten Albert Umschau hielt. Dass er die Immobilie fand. Dass der Afrikaner eine große Summe Geldes überwies. Dass Ilse, der kleine Eberhard, Max und seine Guste umzogen. Im Jahr 1931 muss das wohl gewesen sein. Ich war also mehr oder weniger drei Jahre alt, was bedeutet, dass ich mich an den Umzug nicht erinnern kann. An nichts und gar nichts kann ich mich erinnern, jedenfalls nicht, bis ich in die Schule kam. Und das geht zurück in die Zeit um 1934. Die Jahre davor kenne ich also nur vom Hörensagen. Das gilt auch für den 30. Januar 1933, einen Tag, der in mein Leben schicksalhaft Schlimmes bringen sollte.

MACHTERGREIFUNG

Die »Weimarer Republik« ist eine junge, aber instabile Demokratie. Weil zu viele Parteien im Parlament vertreten sind, ist die Regierungsbildung schwierig, mehrfach kommt es zu Neuwahlen. Aufgrund der seit 1929 fehlenden parlamentarischen Mehrheiten ernennt der Reichspräsident den Kanzler. Bei der Wahl am 6. November 1932 verliert die NSDAP zwar Stimmen, bleibt aber mit 33,1 Prozent stärkste Partei. Nach monatelangem Machtpoker ernennt der 85-jährige Reichspräsident Paul von Hindenburg am 30. Januar 1933 Adolf Hitler zum Reichskanzler. Hindenburg, selbst weder Nazi noch Anhänger Hitlers, glaubt, dass die Mehrheit der Nicht-NSDAP-Minister Hitler in Schach halten könne. Eine fatale Fehleinschätzung!

JA, DER 30. JANUAR 1933! Über diesen schicksalhaften Tag haben meine Eltern zu Ilse und zu mir mit Begeisterung gesprochen. Sie bezeichneten Hitler als Retter der

Vater trug stets das Parteiabzeichen Hitlers.
Mutter hatte auch so eins.

Nation. Weil er den »frevelhaften« Vertrag von Versailles null und nichtig nannte. Weil er Autobahnen bauen ließ. Weil er die Reichswehr wieder »auf Vordermann« bringen ließ, und das mit Panzern und Kanonen, die Krupp und Thyssen für ihn bauten. Millionen anderer Deutscher haben so gedacht. Dass Reichswehr, Autobahnen und Kanonen einem verbrecherischen Weltkrieg dienen würden, haben die meisten Deutschen nicht vorausgesehen. Gesehen aber haben sie, dass es wieder Arbeit gab. Von dem Mann aus Braunau am Inn haben sich die Menschen blenden lassen. Sind in die »Partei des Führers« eingetreten. Meine Eltern ebenso. Haben ihre Kinder zu Nationalsozialisten gemacht. Meine Eltern ebenso.

ERMÄCHTIGUNGSGESETZ
Knapp zwei Monate nach der Machtergreifung, am 23. März 1933, stimmt der Reichstag über das von Hitler vorgelegte »Gesetz zur Behebung der Not von Volk und Reich« ab. Damit wird die Regierung ermächtigt, ohne Zustimmung von Reichstag und Reichsrat sowie ohne Gegenzeichnung des Reichspräsidenten Gesetze zu erlassen. Dafür bedarf es einer Zweidrittelmehrheit. Mit den 444 Stimmen der NSDAP sowie der Konservativen wird das »Ermächtigungsgesetz« verabschiedet. Nur die 94 Abgeordneten der SPD votieren gegen die Selbstentmachtung des Reichstags; die KPD-Abgeordneten dürfen nicht abstimmen, da ihre Mandate bereits annulliert sind.

ÜBER DIESEN SCHRITT INS VERDERBEN weiß ich nicht zu sagen, wie meine Eltern zu ihm standen. Ich vermute, dass sie weniger um Hitlers Machenschaften als um meinen Geburtstag besorgt gewesen sind. Meinen fünften. Und der stand ihnen zwanzig Tage nach dem Ermächtigungsgesetz ins Haus. So viel dazu. Nun aber erst einmal zurück zum Berliner Besitz des Afrikaners.

ONKEL ALBERTS IMMOBILIE ist zu meinem Elternhaus geworden. Und zu dem von Ilse. Ich habe es zum ersten Mal bewusst wahrgenommen, als ich sechs geworden bin. Als wir das Jahr 1934 auf dem Kalender hatten. Voriges Jahrhundert.

Das große Haus stand am Rand der Stadt, im Osten Berlins. Auf dem Schild am S-Bahnhof des Ortes war zu lesen, dass der Name dieses Stadtteils Biesdorf ist. Seine Häuser standen klein, irgendwie geduckt, inmitten schöner Gärten.

Unser Haus war das einzig hohe weit und breit. Eine kopfsteingepflasterte Straße führte zu ihm hin.

Im Erdgeschoss gab es eine Kneipe mit einem Biergarten dabei. Über dem Lokal reckten sich drei Stockwerke nach oben. An diese Wohnanlage hat sich ein Kino angelehnt, dessen Vorführer zu einem guten Freund von mir geworden ist. Den Lesern dieses Buches will ich nicht verhehlen, dass ich oft darüber nachdenke, wie es wohl kommt, dass am Ort meiner Geburt ein Kino steht, und dass es im Elternhaus wiederum ein Kino war, das mich über alle Maßen glücklich machte.

Weiterhin ist zu berichten, dass es Verwandtschaft in dem großen Haus gegeben hat. Nämlich:

In den ersten Stock war Onkel Willi eingezogen, Vaters Bruder. Seine Frau Käthe hielt sich oft, eng in Spitzenwäsche gezurrt, sich allseits zeigend, hinter ihren Fenstern auf.

Auf der anderen Seite, weiter hinten rechts, hauste einer, der Henner Bierwirth hieß. Er hat wirklich so geheißen, ist stets im braunen Hemd der SA-Männer herumgelaufen und hat schon morgens um neun nach dem Getränk gestunken, das er in der ersten Hälfte seines Namens führte.

Neben der Wohnung von Onkel Willi wohnte der Witwer August Krüger, Vater meines Vaters, vormals Lokführer aus Schlesien. Seine Frau, die blinde Hebamme, von der

Mein Elternhaus im östlichen Berlin mit den Großeltern im Fenster. Beim Blick auf das Kino kommt mir unwillkürlich das Wort »Omen« in den Sinn.

ich schon erzählte, war dem Opa weggestorben. Nur kurze Zeit nachdem sie mir den Weg in diese Welt gewiesen hat.

In der Etage darüber lebten wir vier Krügers, also Vater, Mutter, Ilse, ich. Und in die Wohnung auf der anderen Seite des Treppenhauses waren Mutters Eltern eingezogen: Eberhard Meier mit seiner Frau Auguste. Genau wie Opa Krüger ist Opa Meier Lokführer gewesen. Aber aus Westfalen. Und an dieser Stelle amüsiere ich mich. Weil ich an die Kupferstiche mit Lokomotiven denken muss, die einst im großen Haus von Biesdorf zu sehen waren. Denn: Vater hatte die Loks gebaut, und beide Opas hatten sie gefahren! Ich sage es mir ja immer wieder: »Was doch das Leben sich nicht alles so erlaubt …«

Doch zurück zum Elternhaus.

Der Vorführer des Kinos ist, wie gesagt, mein Freund geworden. Wann immer ich wollte, durfte ich die Eisentreppe nach oben gehen, zu ihm in den Vorführraum. Wenn das geschah, hat er zwischen die Projektoren eine Holzkiste zum kleinen Fenster hingeschoben. Sobald ich da draufgeklettert war, konnte ich ganz vorne die Leinwand sehen und unter mir das Publikum.

Ich sah Filme, die für Jugendliche nicht erlaubt gewesen sind. Beim Gedanken an mir Verbotenes, dem Kleinen auf der Kiste, muss ich an mich als Fünfzehnjährigen denken, der dann in der Nazizeit Verbotenes sah. Männer mit ungeheuerlichem Mut haben mich Filme sehen lassen, die verboten waren. Verboten von der Verbrecherbande in der Hitler-Zeit. Darüber wird noch viel zu sagen sein – sehr, sehr viel sogar. Doch das später.

Jetzt erst einmal freue ich mich, die Fortsetzung von dem Kleinen auf der Kiste zu erzählen. Warum die Freude wohl? Nun, ich lass nicht lange mit der Antwort auf mich warten. Es ist nämlich so, dass der Filmvorführer nicht mein einziger Freund damals gewesen ist. Ich hatte einen anderen noch.

Einen Großen.

Runden.

Weißen.

Und dieser andere, das war der Mond.

ER WARTETE AUF MICH, in der Oberfeldstraße, draußen vor dem Haus von Raimund Kastners Eltern. Wann immer er es hat einrichten können, stand er da; mein Freund, der Mond, stand auf der anderen Seite der Straße und malte die Dunkelheit ganz hell für mich. Manchmal war es nach einem Geburtstagsfest, dass er da gewartet hat. Es konnte auch mal am Ende von Karl-May-Geschichten gewesen sein, die Vater Kastner so gerne laut für uns gelesen hat. In meiner Erinnerung ist mein Freund immer für mich da gewesen, wenn ich auf dem Weg nach Hause war. Sobald ich losgegangen bin, ist auch er gegangen. Wenn ich an der S-Bahn-Schranke warten musste, stand auch er ganz still. Wollte ich mal schnell nach Hause, ist er mitgerannt. Bis hin zum Elternhaus. Da hat er mich dann reingehen lassen. Und ich habe ihm ein letztes Mal noch zugewinkt.

Dieses Spiel mit meinem Freund, dem Mond, spiele ich auch heute noch. Vor Wolkenkratzern in New York. Oder in einem Wald von Eichen. Selbst in der Antarktis haben wir das Spiel gespielt. Riesig groß und gelb ist er da gewesen, als er langsam über den Rand der Welt gekommen ist. Luv stand dabei und hat ganz hell gelacht.

BEDEUTENDE TAGE IN MEINEM LEBEN fanden 1936 statt, im Jahr der Olympischen Spiele von Berlin. Ein traumhafter Sommer ist das gewesen. Ich kann mich nicht erinnern, dass das Wetter auch nur ein Mal schlecht gewesen ist. Vater und ich sind jeden Tag mit der S-Bahn quer durch Berlin zum Stadion gefahren. Ganz oben auf den billigen Plätzen haben wir gesessen. Der Blick von dort über die rote Aschenbahn und den grünen Rasen war phantastisch. Richtig gute Plätze konnten wir uns nicht leisten, weil wir zuvor viel Geld für zwei Feldstecher ausgegeben hatten, und mit denen konnten wir uns die Wettkämpfer ganz nah an unsere Augen holen. Manchmal habe ich mir gedacht, ich kann die fast berühren. Besonders einen hätte ich gern berührt. Es war ein Mann mit langen Beinen. Ein Amerikaner. Mit einer Haut, schwarz wie die Nacht. So einen hatte ich vorher nie gesehen. Jesse Owens war sein Name. Den 100-Meter-Lauf hat er gewonnen, den Weitsprung auch, den 200-Meter-Lauf dann noch, und bei der 400-Meter-Staffel ist Schlussmann Owens als Erster über den weißen Strich der Ziellinie gerannt.

Aber auch ein deutscher Sportler ist richtig gut gewesen. Carl Ludwig Long hat er geheißen. Wir alle nannten ihn nur Luz. Beim Weitsprung hat er Silber geholt für unser Land. Und was mich beeindruckt hat, ist sein Sportlerherz gewesen. Als Jesse nämlich diesen Luz im Weitsprung auf den zweiten Platz verwies, ist der quer durch die Sandkiste gelaufen und hat den Amerikaner in großer Herzlichkeit umarmt.

Von diesem Jesse Owens war ich schwer begeistert. Er ist der beste Sportler gewesen, den ich in meinem Leben sah. Damals ebenso wie heute. Vier Goldmedaillen hat er sich in Berlin erkämpft. Das muss man sich vor Augen führen. Und nicht eine einzige davon hat ihm Adolf Hitler um den Hals gehängt! Ich, deutscher Junge, damals acht Jahre alt, habe mir nach jedem Owens-Sieg mit dem Feldstecher Adolf Hitlers Tribüne angesehen. Bei drei Wettkämpfen, zu denen Jesse Owens angetreten ist, blieb des Führers Stuhl da drüben leer. Ein andermal, just in dem Moment, als der Amerikaner sich anschickte, für sein letztes Rennen der Spiele an den Start zu gehen, habe ich mir mit dem Glas das Bild der Loge nah herangeholt. Das Bild ließ unseren Führer sehen, wie er das Stadion verlässt. So ist es in meiner Erinnerung geblieben.

Fragend sah ich meinen Vater an. Eine Antwort hab ich nicht bekommen.

OLYMPISCHE SOMMERSPIELE 1936

Wie für die meisten Beobachter ist Owens auch für den jungen Krüger der Held der Olympischen Sommerspiele. Doch in einem Punkt trügen die Erinnerungen des damals Achtjährigen, nämlich wie sich Hitler gegenüber Owens verhielt. Bis heute wird diskutiert, ob Hitler mit Absicht Owens die Anerkennung verweigerte. Tatsächlich handelt es sich um eine Legende. Nachdem Hitler am ersten Wettkampftag mit Medaillengewinnern vor den Kameras posiert hatte, wurde er vom IOC aufgefordert, dies einzustellen, da das IOC die Rechte an den Olympischen Spielen besitze. Hitler, der sich als »Friedenskanzler« präsentieren wollte, willigte mürrisch ein. Da die Öffentlichkeit davon zunächst nichts erfuhr, wurde durch US-Presseberichte das Gerücht verbreitet, dass Hitler Owens,

der am zweiten Tag den 100-Meter-Lauf gewann, den Handschlag verweigert hätte. Dazu trägt später Owens selbst bei, als er in seiner Biographie diese Story weiter ausmalte.
In seiner Heimat musste Jesse Owens lange auf Anerkennung warten. Präsident Roosevelt lud den Olympiahelden nicht ins Weiße Haus ein, da er sich gerade im Wahlkampf befand und Nachteile im damals noch von Rassentrennung geprägten Amerika befürchtete. Erst 1976 erhielt Owens aus den Händen von Präsident Ford die »Medal of Freedom« – die höchste Auszeichnung der Vereinigten Staaten von Amerika.

EIN LETZTES WORT ZU LUZ von mir: Nur noch drei Jahre nach dem großen Fest der Völker ließ Hitler die Welt in Frieden. Dann ist er über unseren Nachbarn Polen hergefallen. Die Folge davon war Weltkrieg Nummer zwei. Carl Ludwig Long ist in dem Krieg gefallen.

ZWEI JAHRE NACH DEN OLYMPISCHEN SPIELEN ist in ganz Deutschland Schreckliches geschehen. Doch bevor ich auf das nie zu vor Gesehene zu sprechen komme, muss ich notieren, dass ich in jenem Jahr ins Deutsche Jungvolk eingetreten bin. Aus zwei Gründen ist dies eigentlich nicht sonderlich erwähnenswert, denn erstens musste ein jeder Bursche mit zehn Jahren zum Jungvolk, solange er nicht »Jude«, »Neger« oder »Zigeuner« war, und zweitens hatten mich meine Eltern bereits in diese braun-schwarze Uniform gesteckt, als ich eben fünf Jahre zählte.

Familienausflug. Vater hat mich bereits als Knirps in die Uniform des Deutschen Jungvolks gesteckt, in das man erst mit zehn Jahren eingezogen wurde. Die anderen im Bild sind Schwester Ilse und die Eltern meiner Mutter.

Wichtiger als dies ist mein Bericht über das Verdammenswerte in 1938 und die Erwähnung, dass Vater mir auch in jenem Jahr seine Antwort schuldig geblieben ist. Onkel Albert ist dabei gewesen. Nach dem Tod seiner geliebten Frau hatte er sich immer mehr meinen Eltern angenähert und war alle paar Jahre nach Berlin gekommen. Wenn das geschah, schlief er bei uns auf dem Ausziehsofa im sogenannten Herrenzimmer. Der Multimillionär war nämlich ein Mann, der von sich sagte, dass er das stinkfeine Getue in den Luxushotels nicht verknusen könne, und im Gegensatz dazu hatte es ihm seine Biesdorfer Immobilie richtiggehend angetan.

Und er war sich auch nicht zu schade, lange Gespräche zu führen mit mir, der ich der jüngste unter allen Krügers war. Einmal hat er von mir wissen wollen, was mir denn in meinem Berliner Leben am besten gefällt. Und da habe ich ihm gesagt: »Bücher lesen und zum Flugplatz gehen.«

Die Antwort muss ihm wohl gefallen haben, weil er dazu breit gelächelt hat: »Tatsächlich? Flugplatz? Und was machst du da?«

»Den Maschinen zusehen. Wie die starten. Wie die landen.«

Seine Augenbrauen gingen hoch. Und er ist ganz ernst geworden. »Nun sag bloß noch, dass du mal fliegen willst, wenn du groß genug geworden bist.«

Dazu habe ich nicken müssen. Weil sich meine innere Stimme hatte hören lassen: »Vor Onkel Albert darfst du kein Geheimnis haben.« Und so habe ich ihm gestanden, dass ich für mein Leben zwei richtig große Träume habe.

»Gleich zwei davon?«, hat er gefragt. »Richtig große? Sagst du mir, was die wohl sind?«

»Der erste Traum ist Fliegen.«

Jetzt war's Onkel Albert, der hat nicken müssen. »Das kann ich gut verstehen.« Und dann hat er nach dem zweiten Traum gefragt.

»Bücher schreiben«, habe ich ihm gesagt.

Das hat ihn nachdenklich gemacht. Ziemlich lange. Und ich habe gesehen, dass er mir glaubte.

»Eberhard«, kam es von ihm dann, »du siehst mir ganz so aus, als ob du es irgendwann auch machst.« Für die Antwort hab' ich ihn geliebt. Und rundum froh bin ich geworden, als ich ihn zu Mutter am selben Tag noch habe sagen hören, »dein kleiner Eberhard ist avanciert – in die Reihe meiner besten Freunde.«

Es war an einem anderen Tag, dass er mich gesehen hat, als ich aus der Schule kam. Und das auf meinem alten Roller. »Was?«, hat er gerufen. »Zehn Jahre alt, und Roller? Warum nimmst du nicht dein Byclette?«

Das machte mich verlegen. »Weil ich keines habe.«

Seine Augen wurden groß. Mit der flachen Hand schlug er sich auf den Schenkel. »Dann gehen wir eines kaufen! Noch heute Abend. Und deinen Vater nehmen wir dazu mit!«

Der Fahrradladen lag gleich hinterm Alexanderplatz, aber als wir da angekommen waren, sind wir erschrocken aus Onkel Alberts Packard herausgeklettert. Denn: Tische, Stühle, sonstige Möbel und anderer Kram lagen überall auf dem Alex herum, und unser Auto war vor so etwas Ähnlichem wie einem Kleiderschrank zu stehen gekommen. Aber irgendjemand hatte den kaputt gemacht. Ein Stück weiter sah ich Kleider. Alle schienen aufgeschlitzt.

Was einmal Schaufenster gewesen war, stand zersplittert in der einsetzenden Dunkelheit herum. Gardinen hingen zerfetzt vor eingeschlagenen Fenstern. Der Asphalt war übersät mit Müll und Schutt und Glas.

Ich hörte Onkel Albert etwas sagen, was ich nicht verstand, und da sagte er es noch einmal: »So und nicht anders muss das Inferno ausgesehen haben.«

Auf dem weiten Platz war kaum ein Mensch zu sehen. Und wo früher Hunde liefen, gab's jetzt keine mehr.

Ich sah zu Vater auf. In meinen Augen, da bin ich sicher, standen hundert Fragen. Doch wie's schon bei Jesse Owens und dem Führer war: Eine Antwort hatte Vater nicht für mich.

Und wieder war es der Mann aus Kapstadt, der mir nicht ausgewichen ist. Über Scherben stolpernd ging ich zu ihm hin. Er sprach leise. Und mit einer Stimme, die auf ungewohnte Weise heiser war. »Hier riecht's nach Angst«, sah ich seine Lippen sagen, »nach Angst der Menschen hier. Vor lauter Furcht sind sie davongerannt.«

Jahre später traf ich einen Mann, der auf dem Alexanderplatz die erwähnte Furcht der Menschen hatte teilen müssen. Die Rede ist von Helmut Käutner, dem Regisseur. Ich war damals aus Paris ins Ruhrgebiet gekommen, um den Dänenprinz Hamlet für ihn zu spielen, dessen moderner Version Käutner den Titel *Der Rest ist Schweigen* gab. Warum ich an einem Abend, nach dem Drehen, von ihm erfuhr, dass er Zeuge jener Stunde deutscher Schmach geworden war, weiß ich nicht zu sagen, was er aber mir erzählte, gebe ich aus dem Gedächtnis an dieser Stelle wieder.

Es geschah, dass er an jenem Novembertag im Jahr 1938 aus der Oper kam, von den Linden her zum Alexanderplatz gekommen war und einen Mord und Totschlag hat mit ansehen müssen, wie es ihn zuvor im Berliner Leben niemals gab. Vom brutalen Verprügeln deutscher Juden hatte er bis dahin nur gehört. Mit Entsetzen sah er nun mit an, wie wütende SA-Männer hilflose Menschen aus den Fenstern warfen. Er sah das Plündern der Geschäfte. Hörte die Schreie der Verzweifelten. Hörte auch die lauten Rufe von Empörten an die braunen Horden: »Was macht ihr da? Schämt ihr euch nicht? Schluss damit jetzt!«, erzählte der Nazigegner. »In Gottes Namen Schluss!«

»Und du?«, habe ich ihn gefragt. »Hast du auch eingegriffen?«

»Nein«, war seine Antwort. Sie kam leise. »Ich hab' den Mantelkragen hochgeschlagen. Bin nach Hause gehastet. Habe in Whisky meine Scham ertränkt.«

REICHSPOGROMNACHT
In der Nacht vom 9. auf den 10. November 1938 finden in ganz Deutschland Pogrome des NS-Regimes gegen die jüdische Bevölkerung statt. Es kommt zu Ausschreitungen und Morden, 400 Menschen sterben. Tausende jüdische Geschäfte werden zerstört, Synagogen in Brand gesetzt – von SA-Ortsgruppen und SS-Trupps in Zivilkleidung. Polizei und Feuerwehr dürfen nicht einschreiten. Als Vorwand für die Reichspogromnacht dient den Nazis der Tod eines deutschen Botschaftsangehörigen in Paris, der von einem 17-jährigen Juden erschossen worden war. Mit der sogenannten »Reichskristallnacht« beginnt die systematische Vertreibung, Enteignung und Vernichtung der Juden während der NS-Zeit.

ES SOLLTE SCHLIMMER KOMMEN in unserem Land. Im Herbst des nächsten Jahres erschreckte uns der Krieg. Er hatte nach der Ernte angefangen. Im September. Am ersten, ganz genau gesagt. Ich kann mich an den Tag erinnern, als wär es gestern erst gewesen.

KRIEGSAUSBRUCH
Am 1. September 1939 beginnt mit dem deutschen Überfall auf Polen der Zweite Weltkrieg. Es ist ein weiterer Schritt in dem seit 1933 zunehmend aggressiven Streben Hitlers nach

Weltmacht und Erschließung von »Lebensraum«. Hierzu zählt der »Anschluss« Österreichs 1938 ebenso wie ein Jahr später der Einmarsch in die Tschechoslowakei. Die West-Mächte USA, Großbritannien und Frankreich verhalten sich lange abwartend, denn sie sehen in Nazi-Deutschland die effektivste Kraft zur Eindämmung des sowjetischen Einflusses in Europa. Erst nach dem Überfall auf Polen fordern Frankreich und Großbritannien den Rückzug der Deutschen binnen zwei Tagen. Hitler lässt das Ultimatum verstreichen. Es beginnt ein Krieg, der bald weite Teile der Welt erfasst.

DIE GANZE NATION saß gebannt vor den Volksempfängern. So wurden die Radios seinerzeit genannt. Wir Kinder, zwischen unseren Eltern sitzend, hörten aufmerksam dem Führer zu. Und ich weiß auch noch ganz genau die Sätze, die er sagte, denn grammatikalisch waren eine Menge davon falsch. Gleich am Anfang schon. »Ich bin mit meinerrrr Rrrreichsrrrrregierung zwei volle Tage dagesessen«, hatte er gesagt. Musste es nicht heißen »*habe* ich gesessen«?

»Vielleicht«, sagte meine innere Stimme, »heißt das auf Österreichisch so.« Aber was die vielen RRRRS angeht, so fand ich die sehr störend, was wohl daran lag, dass ich schon damals die deutsche Sprache schön und klangvoll fand.

Meine Verwunderung über des Führers Sprache habe ich natürlich mit niemandem geteilt. Die Angst vor Schelte war zu groß. Wichtig war, der Stimme aus dem Volksempfänger zuzuhören. Zum Beispiel bei dem Satz, dass die Polen angefangen hätten. Ihre Artillerie habe den ersten Schuss abgegeben. So hat der Reichkanzler es uns gesagt. Und auch davon, dass er hatte warten müssen – zwei volle Tage lang! – hat er zu uns gesprochen. Warten auf den polnischen Abgesandten! Und schließlich war der dann überhaupt gar nicht gekommen! Und so hörte ich den Führer sagen: »Seit fünf Uhrrrr fünfund-vierrrrrrzig wirrrd zurrrrrrückgeschossen.«

DIE NAZI-LÜGE

Am Tag des Überfalls auf Polen gibt Hitler den Angriff als Verteidigungsaktion aus. Er verweist auf den angeblichen polnischen Angriff auf die Radiostation Gleiwitz in Oberschlesien nahe der Grenze tags zuvor. Dabei ist dies eine von der SS fingierte Aktion: Deckname »Unternehmen Tannenberg«. An diesem 31. August 1939 werden neben dem Überfall auf den Radiosender mehrere »Grenzzwischenfälle« inszeniert und als propagandistischer Vorwand für den Einmarsch in Polen herangezogen.

DAS WAR ALSO UNSER KRIEG. Erstmal gegen Polen. Dann kamen Norwegen, Dänemark, die Benelux-Staaten und Frankreich dran. Und schließlich war es die ganze Welt. Ich sah unsere Truppen siegen. In den Wochenschauen habe ich das gesehen. Bei meinem Freund, dem Filmvorführer. Auch im Volksempfänger haben sie davon erzählt. Sieg um Sieg um Sieg hat es da gegeben. Ein ganzes Jahr lang. Bis 1940 also. Vom Elternhaus her habe ich es verfolgt. Dann musste ich von Biesdorf fort. In einem kalten Winter ist das gewesen. Ich wurde in ein Lager geschickt. Der Ort hieß Wittstock an der Dosse. Wir waren so an die fünfzig Burschen dort. Alle hatten Jungvolk-Uniformen an. Waren auch in meinem Alter, zwischen zwölf und kurz vor dreizehn.

Der Lagerleiter ließ uns antreten, in einer Turnhalle, die richtig groß gewesen ist. Er sagte, wir befänden uns in einem Auswahl-Lager. Die Lehrer der Gymnasien hätten uns hergeschickt. Und die Jungvolkführer ebenso. Das Ziel sei nun die Auswahl für die Adolf-Hitler-Schule im Allgäu. Auf einer Ordensburg. Sonthofen. Und da sei es, wo die Söhne des Führers für spätere Aufgaben ausgebildet werden. Denn am deutschen Wesen müsse die Welt genesen, hat der Leiter von Wittstock uns erklärt.

»Und hier im Lager ist es nun, wo wir euch auf Herz und Nieren prüfen«, hat er laut gerufen, »weil nur die Besten in Sonthofen bei den anderen von Adolf Hitlers Söhnen leben dürfen.«

Und dann ging's los! Wir mussten Prüfungen bestehen, schriftliche und mündliche. In Wettkämpfen hatten wir zu siegen. Auf einer winterlichen Aschenbahn war Schnelligkeit zu zeigen. Beim Schwingen am Hochreck trugen wir Tornister auf den Rücken. Und was am Schluss dann kam, war große Qual. Mutprüfung wurde das genannt. Davon gab es viele. Um nur ein Beispiel herauszugreifen: In einen zugefrorenen See hat die Lagerleitung zwei breite Löcher sägen lassen. Gut zwanzig Meter waren diese voneinander weg. Der Mut bestand nun darin, laut zu rufen: »Kleinigkeit!«, in das kalte Wasser hineinzuspringen und mit offenen Augen loszuschwimmen. Unterm Eis hindurch! Mit ganzer Kraft. Hin zu dem zweiten Loch.

Ein jeder hat große Furcht gehabt. Drei von uns sind nicht gesprungen. Alle anderen sind abgetaucht. Sind mit dem Rücken unterm Eis entlanggeschrammt. Zwanzig Meter weit. Sind am anderen Ende … jubelnd … aufgetaucht.

Wochen später, als ich zurück in Biesdorf war, habe ich meinen Eltern gestanden, dass mir das Herz fast zersprungen ist vor lauter Angst. Mutter hat, als ich das sagte, die Hand auf den Mund gepresst. Vater hat unter Stöhnen Luft geholt.

Wochen später, als der Brief gekommen ist, der davon sprach, ich sei in die Schule des Führers aufgenommen, hat der Vater den Sohn stolz an seine Brust gedrückt.

NS-ORDENSBURGEN

Die drei sogenannten Ordensburgen galten als Hitlers Kaderschmieden. In den Schulungszentren Vogelsang/Eifel, Krössinsee/Pommern und Sonthofen/Allgäu wurde das NS-Führungspersonal ausgebildet, »lebendige Werkzeuge des Führers« sollten geschaffen werden. Die »Burgen« waren keine mittelalterlichen Gebäude, sondern Neubauten, die Burgan-

lagen nachempfunden waren. Ihr pompöses Erscheinungsbild sollte die Größe der NS-Weltanschauung versinnbildlichen. Die Anlage der Ordensburg Sonthofen mit dem 160 Meter langen und 85 Meter breiten Hauptgebäude und dem massiven Turmbau an der Westseite beherbergte bis zu 1500 Schüler und thront noch heute über dem Tal der Iller.

DIE FAHRT IM ZUG VON BERLIN NACH SÜD war lang. Das Licht, vor Korridor und Fenstern, ist erstmal hell gewesen, später dunkel, und dann grau. Ich habe an Rilke denken müssen. *Reiten, reiten, reiten. Durch den Tag, durch die Nacht, durch den Tag.*

Alle Abteile im Waggon waren zum Bersten voll mit Jungs in Uniform. Die Burschen sind recht laut gewesen. Beim Marschieren in Reih und Glied vom Zielbahnhof zur Burg hinauf haben sie gesungen. Solch ein Marschieren in Kolonnen habe ich nie gemocht.

Als ich die Burg da oben vor mir sah, sank mir der Mut. Rilke kam in meinen Kopf zurück. *Und der Mut ist so müde geworden und die Sehnsucht so groß.*

Beim Hineinmarschieren durch das breite Tor im grauen Turm hörte ich lautes Trommeln. Und darüber helles Pfeifen. Der Musikzug stand vor einem riesigen Platz. Dahinter sah ich Schüler, Schüler, Schüler. Sie standen in Kolonnen. Wie mir später einer sagte, waren es 1500 Burschen, die uns

Neulinge begrüßten. Sie hatten graue Lederhosen an. Und braune Hemden. In den ersten Reihen sah ich kleine Burschen stehen. Ich schätzte sie auf mein Alter, also dreizehn. Die Reihen der großen waren weiter hinten. Das müssen Abiturienten gewesen sein. Also an die achtzehn Jahre alt.

Am Beginn einer jeden Kolonne sah ich erwachsene Männer stehen. Das waren wohl die Lehrer. Erzieher wurden sie auf der Ordensburg genannt. Ich hatte das einmal gelesen. Die Erzieher trugen braune Uniformen. Manche wie SA. Die meisten wie Hochrangige der Hitler-Jugend.

Der Erzieher mit dem höchsten Rang stieg auf ein Podest. In einer langen Rede hieß er uns willkommen. Was er sagte, habe ich mir nicht gemerkt. Als er den Befehl »wegtreten« gab, leerte sich der Riesenplatz in Windeseile. Zwischen langgestreckten Häusern sah ich gestampften grauen Boden. Die Häuser ähnelten Kasernen. Alles hier war riesig groß. Ich habe mich dazwischen klein gefühlt.

Beim Niederschreiben meines ersten Eindrucks dieser Ordensburg müsste ich eigentlich als Nächstes auf mein Zimmer zu sprechen kommen, das für viele Jahre mein Zuhause werden sollte, und das schreibe ich auch irgendwann mal auf. Heute aber tue ich das nicht. In der Reihenfolge dessen, was an jenem ersten Tag geschah, ist es nämlich ein Führerwort gewesen, das tief in mir Schlimmes angerichtet hat.

Die Ordensburg Sonthofen, auf der ich vom 13. Lebensjahr an zum Adolf-Hitler-Schüler erzogen worden bin.

Das Führerwort hing im Eingang zu Haus Brandenburg. Es war goldgerahmt, hatte das Wort ANORDNUNG am oberen Rand und war mit hartkantigen Buchstaben schwarz auf weiß gedruckt. Zu dem, was ich da lesen musste, bin ich am nächsten Tag zurückgerannt und habe es mir in mein Tagebuch geschrieben. Zum Drübernachdenken. Zum Überwinden. Und um es für ein Gespräch mit meinem Vater bereitzuhaben, wenn ich ihn in den Ferien wiedersehe.

Die ANORDNUNG hat sich so gelesen:
»In meinen Ordensburgen wird eine Jugend heranwachsen, vor der sich die Welt erschrecken wird. Eine gewalttätige, herrische, unerschrockene, grausame Jugend will ich. Schmerzen

muss sie ertragen. Es darf nichts Schwaches und Zärtliches an ihr sein. Das freie, herrliche Raubtier muss erst wieder aus ihren Augen blitzen.«
Adolf Hitler

BEIM DRÜBERNACHDENKEN HABE ICH MICH GEFRAGT, wie ich diese Anordnung denn bloß befolgen soll? Ich muss *»grausam«* werden? Das wird schwer. *»Gewalttätig«?* *»Herrisch«?* Wie macht man das? Und: War mir Zärtlichkeit vom Führer jetzt verwehrt? Ich meine, die Zärtlichkeit mit Mutter? In meinem Kopf kam Zweifel auf. Zweifel an mir selbst. War ich denn überhaupt für diese Schule gut genug?

Meine innere Stimme wusste keinen Rat. Sie schwieg. Und ich wusste niemanden, den ich ins Vertrauen hätte ziehen können.

In der Nacht, als es im Zimmer still geworden ist, weil die anderen Burschen schliefen, habe ich gedacht, ich muss mal mit den Eltern reden. Ein paar Fragen stellen … Später, in den Ferien … Nein. Lieber jetzt … Und lieber erstmal die: Warum haben sie mich fortgehen lassen? Nach Wittstock? Fortgehen hierher? Und … ich hätte auch gerne mal gewusst, warum Vater schweigt, wenn er Unrecht sieht? Im Olympiastadion. Auf dem Alexanderplatz. Na ja. Egal … Ich habe sie lieb. Alle beide. Sehr, sehr lieb.

IN MEINER ERSTEN NACHT AUF DER ORDENSBURG habe ich mich in den Schlaf geweint. Mit dreizehn hätte ich das nie zugegeben. Heute gebe ich es zu.

Und in Erinnerung an dieses Nachtgespräch muss ich noch etwas anderes notieren: fürs Nachtragen war ich in jenen Tagen noch zu jung.

DIE NÄCHSTEN WOCHEN habe ich damit zugebracht, meinen Minderwertigkeitskomplex und meine Zweifel abzuschütteln, und so hatte ich mich an Ungewohntes zu gewöhnen. Was das beispielsweise gewesen ist, liste ich hier kurz mal auf:

Zimmer mit Betten übereinander und mit anderen Jungs geteilt.

Lautes Wecken und dabei vorm Fenster Dunkelheit.

Mahlzeiten in riesigem Gebäude mit fünfzehnhundert anderen auf der Burg.

Exerzierplatz, grauer Sand, täglich neu gestampft von Kolonnen, die gewaltig lang gewesen sind.

Hemden, im Spind auf exakter Kante stapelnd.

Unerschrockene Haltung vor Erzieheraugen.

Schwer Verständliches an Themen wie Staat und Macht.

DIE ANDEREN DREI JUNGS in meinem Zimmer haben sich schnell eingeordnet in das Leben auf der Burg. Ich nicht.

Bevor ich nun auf etwas Schönes zu sprechen komme, gilt es noch, die *Militärstunden* und den *Geschichtsunterricht der Moderne* zu erwähnen, die wir zu bewältigen hatten. In den Militärstunden mussten wir Schnellfeuerwaffen in Einzelteile zerlegen, ölen und wieder zusammensetzen.

Sowas macht mir kein Problem. Nicht das geringste. Bei der Modernen Geschichte aber gab es eines. Weil da nämlich von Verbrennungen die Rede war. Verbrennungen von Büchern. Das hat mich sehr verwirrt. Weil ich Bücher liebte. Die in Biesdorf ebenso wie jene, die es in Sonthofen zu bewundern gab. Was ich, der dreizehnjährige Eberhard Krüger, in Sonthofen über das schändliche Verbrennen deutscher Literatur zu lernen hatte, geben Käfferlein und Köhne in ihren historischen Ergänzungen auf diese Weise wieder:

BÜCHERVERBRENNUNG
Kurz nach Hitlers Machtübernahme beginnt die Verfolgung jüdischer, marxistischer und pazifistischer Schriftsteller – all jener, die nicht ins Weltbild der Nazis passen. Höhepunkt ist im Mai 1933 die »Aktion wider den undeutschen Geist«. Am 10. Mai werden in 22 Städten Scheiterhaufen errichtet und die Bücher bekannter Autoren wie Heine, Kästner oder Tucholsky ins Feuer geworfen.

DAMIT HABE ICH FERTIGWERDEN MÜSSEN. Verstanden habe ich es nicht so recht. Höchstens, dass die Bücher nicht gut gewesen sind. Denn schließlich stammten einige ja von Juden.

Die Verbrennungen selbst habe ich nie gesehen.

In der Bibliothek der Ordensburg gab es nur Bücher, die der Führer *sauber* fand. Das ist ja klar. Und so lasse ich zurück, woran nicht schön zu denken war. Vielmehr komme ich nun hin zu Dichtern, Fliegern und zu Träumen. Zu dem also, was mir beim Niederschreiben Freude machen wird.

ERSTMAL ZU DEN DICHTERN. Im Rahmen bleibend beginne ich mit der Bücherei. Denn welcher junge Bursche hat schon eine Bibliothek, in die er zu jeder freien Stunde gehen kann?

Meine war wunderschön anzusehen. Tausende von Büchern hatte sie in den Regalen stehen. Und mit dem Bibliothekar habe ich mich richtiggehend angefreundet.

Ich hielt mich meist vor den Regalen auf, in denen Dichter standen. Meine ganze Liebe galt gleich von Anfang an einem Briten. William Shakespeare ist sein Name. Seine Texte habe ich natürlich nicht auf Englisch lesen können. Dazu war ich in Shakespeares Sprache noch nicht gut genug. Jedoch – gleich daneben habe ich Übersetzungen gefunden. Zwei große deutsche Dichter hatten sie erstellt. Schlegel und Tieck haben die geheißen. Unumwunden gebe ich zu, dass ich in meiner Zeit daheim keinen der beiden kannte. Ich fand deren Texte wundervoll. Der Bibliothekar war der gleichen Meinung. Er hat gesagt, die Poesie von Schlegel und von Tieck braucht sich hinter Shakespeare nicht zu verstecken.

NUN ZU DEN TRÄUMEN. Ob sich die Leser noch an Onkel Albert aus Südafrika erinnern? Von ihm hatte ich ziemlich am Anfang des Buches erzählt. Weil er es war, der mir, dem Knaben von zehn Jahren, ein Geheimnis entlockt hat, als er wissen wollte, was ich mir wohl als Tätigkeit für mein Erwachsenenleben vorgenommen hätte, und als ich von meinen Träumen sprach. Ich hatte ja zwei davon. Und habe sie mir erfüllt. Fliegen und Schreiben. Das waren sie, die beiden. Der erste hat sich mit der Erfüllung sehr beeilt. Der zweite ließ sich dabei viel Zeit.

Aber der Reihe nach:

ALS DER ERSTE TRAUM zu Ende geträumt werden konnte, war es früher Morgen. An einem späten Sommertag. Auf dem Exerzierplatz ist es gewesen. Beim Appell. Fünfzehnhundert Mann in Reih und Glied. Und mit dem Schulleiter auf dem Podest.

»Die Flieger-HJ hat eine Einladung geschickt«, rief er über uns hinweg. »Zu einem Ort, der Krumbach heißt. Hier, nicht weit von uns entfernt, im Allgäu. Es geht um einen Kurs im Segelfliegen.« Und dann kam der Satz, der viel in meinem Leben ändern sollte.

»Freiwillige vor!« Das war der Satz, der Schlüssel.

Wie ein Blitz bin ich nach vorn gestürzt. Ich war der Erste am Podest. Als der Schulleiter seinen Arm um meine Schulter legte, sah ich meinen ersten Traum erfüllt.

Von klein auf hatte ich zwei Träume fürs Erwachsensein.
Einmotorig hab ich auf langen Strecken fliegen wollen.
Und das Bücherschreiben war der andre Traum.

NACHWUCHS FÜR DEN KRIEG

Im Frühjahr 1941 hat Hitlers Luftwaffe bereits große Verluste zu beklagen. Der Luftkrieg über England wird nach Abschuss von weit über zweitausend Maschinen zunächst eingestellt, verlagert sich aber gen Osten. Für den bevorstehenden Krieg gegen die Sowjetunion braucht Hitler dringend mehr Piloten. Sie sollen über die Hitlerjugend rekrutiert werden, so können HJ-Mitglieder Dienst in Sonderverbänden leisten. Eberhard Krüger, glücklich ob der Chance, das Segelfliegen erlernen zu können, ahnt nichts von diesen Zusammenhängen und von der grausigen Realität des Krieges.

MEIN ERSTES FLUGZEUG, das ich je geflogen bin, war ein Schulgleiter, und mein erster Start ist an einem Hang gewesen. Beides sollte ich besser einmal erklären.

Der Gleiter trug die Bezeichnung SG 38.

Wie auf dem Foto zu sehen ist, sitzt der Pilot auf einem Holzbrett vorne. Den Knüppel hält er zwischen den Schenkeln. Wenn er daran zieht, geht's nach oben. Drückt er den Knüppel an, ist das Gegenteil der Fall. Die Füße hat der Pilot auf zwei Pedalen, die das Seitenruder bedienen; das ist, wie bei jedem anderen Flugzeug auch, hinten angebracht. Der SG 38 ist ein Hochdecker. Da die Maschine kein Fahr-

Vor dem Schein für Einmotorige war ich Segelflieger.
Mit Hangstart im Allgäu. Auf einer SG 38. So wie diese hier.

werk hat, gibt es unter dem Sitz des Piloten eine Kufe, die er zur Landung braucht.

DER ERSTE PLATZ, von dem ich jemals abgehoben habe, ist eine flache Wiese über einem steilen Hang gewesen. Der Vorgang nennt sich Hangstart und geht so vonstatten: Hinten an dem Gleiter, wo sowohl das Seiten- als auch das Höhenruder zu finden sind, sitzen ein paar kräftige Kerle, die ihre Hacken in das Gras pressen und an einer Kufe die Maschine halten.

Vorne an dem Gleiter sind zwei Kautschukseile angebracht. Zwölf kräftige Burschen halten diese Seile in den Händen. Wenn der Pilot den Befehl »Laufen!« gibt, rennen sechs Kerle diagonal links und rechts den steilen Hang hinunter. Wenn dann die Seile straff und straffer werden und sich kaum mehr dehnen lassen, gibt der Pilot mit lauter Stimme den Befehl »Loslassen!« – und hinten, unter dem Ruder, tun die Jungs das auch. Konsequenterweise schießt der Gleiter steil nach oben. Es gibt Piloten, die so etwas »Katapultstart« nennen, und jedes Mal, wenn ich es war, der da vorn im Freien auf dem Holzbrett saß, habe ich vor Freude laut gesungen.

STUNDEN UNSÄGLICHEN GLÜCKS sind das gewesen, und nun gab es nichts, aber auch gar nichts mehr, was der Erfüllung meines zweiten Traums im Wege stand. Und die hatte – wie konnte es anders sein – mit der des ersten Traums zu tun, dem vom Fliegen.

Nein! Halt! *Correction!*

Es hatte zu tun mit dem W a r t e n auf das Fliegen. Ein gewittriges Tief war nämlich von den Alpen her durchgezogen, hatte Blitz und Donner und tonnenweise Regen abgeladen, und es war an dem Tag, als ich eine Begegnung hatte, die ich Tage später als Erfüllung meines zweiten Traumes aufgeschrieben habe. Die Hauptperson, wenn ich mich so ausdrücken darf, war ein Bussard. Klatschnass saß der arme Kerl hoch oben auf einer Eiche, die kaum Blätter hatte. Ich war die zweite Hauptperson, weil ich mich allein mit dem Vogel in dem Regen fand. Und das kam so: des Wolkenbruchs wegen hatten wir auch am Nachmittag nicht fliegen können. Also stand der Gleiter herrenlos auf dem Startplatz rum. Der Fluglehrer hatte mich zur Wache für die Nacht bestimmt und war mit seinen Schülern ins Quartier zurückgekehrt.

Da saß ich also nun. Nicht ganz so nass geworden wie die erste Hauptperson, denn ich hatte mir die Backbordfläche der Maschine zum Schutz vor dem Regen nehmen können.

Irgendwann ist es eintönig geworden mit dem Rumhocken im Regen und ich habe mich gefragt, wie es wohl jetzt dem Bussard geht. Beim Raufsehen bin ich seinem Blick begegnet. Weil er zu mir heruntersah. Und da ist mir die Idee gekommen, die Geschichte von uns beiden aufzuschreiben. Und was dann geschah, war dies:

Als sich die Wolken leergeregnet hatten und die Sonne herausgekommen war, hat der Vogel da oben seine Flügel ausgebreitet und sie zum Trocknen hingehalten. Darüber habe ich mich herzhaft gefreut.

Gut war auch, dass wir uns wiedertrafen. Gleich am nächsten Morgen schon. Ich sah ihm zu, wie er fürs Gleiten einen Südhang mit starkem Aufwind fand. Wie er sich den Aufwind nahm. Wie er auf und ab den Hang entlang gesegelt ist.

An dem Morgen waren auch die anderen Jungs da. »Seht euch das an!«, habe ich ihnen zugerufen. »Machen wir's ihm nach!«

Und wir haben es ihm nachgemacht.

Ein anderes Mal habe ich ihm zugesehen, wie er vom Steilhang aus auf Krumbach zugeflogen ist. Es war an einem ungewöhnlich warmen Tag im Herbst. Über den roten Dächern dieses Dorfes hat es ihn in Kreisen hochgehoben.

»Thermik!«, habe ich laut zu mir gesagt. Und bin auf die Dächer zugeflogen. Aber es ihm nachzumachen, habe ich nicht geschafft. Für das bisschen Thermik war mein Gleiter doch zu schwer.

ZUM SCHREIBEN DER ERSTEN GESCHICHTE, an die ich mich wagte, habe ich in Krumbach nur ein paar Abende gebraucht. Die Rückkehr nach Sonthofen geschah dann kurz danach. Mit einer Vorfreude, wie ich sie bis dahin gar nicht gekannt hatte, habe ich meinen Freunden unter den Schülern auf der Burg die Begegnung mit dem Bussard vorgelesen. Ob das von Erfolg gekrönt war, weiß ich jetzt nicht mehr zu sagen.

Ist ja auch schon lange her.

AUCH DER BEGINN DES ZWEITEN WELTKRIEGES ist schon lange her, und ich, der Nacherzähler einer Geschichte, die das Leben schrieb, muss die Leser dieses Buches um Vergebung bitten, wenn ich die Szenen meines Glücks als Segelflieger unterbreche und ein paar Seiten lang zurückkehre zu dem Knaben, der ich mit elf Jahren war. Über die Zeit damals hatte ich geschrieben, dass ich sehr verwirrt gewesen bin. Die Verwirrung war in mein

Innerstes gedrungen, als ich hatte hören müssen, dass der soeben angefangene Krieg *mein Krieg* geworden war. Erst mal der gegen Polen, wurde mir gesagt, und als Nächstes sei dann Frankreich dran. Bei dem Gedanken kommt der Schmerz in meinen Kopf zurück, der mich damals quälte, denn *mein Krieg* ist dann auch über England hergefallen, über Norwegen und Dänemark. Ich erinnere mich, mir gesagt zu haben, dass es doch Polen gewesen ist, das den ersten Schuss abgefeuert hatte, keineswegs aber die anderen Länder um uns herum. Und so blättere ich im Buch zu dieser Zeit zurück, wobei ich sehe, dass ich die Fortsetzung knabenhafter Gedanken schuldig geblieben bin.

Nehmen wir nur einmal diesen einen Kameradschaftsabend im Deutschen Jungvolk als Beispiel. Es ist unser Fähnleinführer gewesen, der aus dem *Völkischen Beobachter* vorgelesen hat, wie der Führer sich urplötzlich mit keinem anderen als Josef Stalin hat verbünden wollen. War dieser Stalin nicht ein Kommunist? Und waren Kommunisten nicht, wie ich es immer lernen musste, ganz schlimme Leute? So schlimm wie sonst nur noch die Juden? Ich habe die Antwort nicht gewusst. »Macht aber nichts«, hab ich mir gesagt. »Der Führer wird schon wissen, was er tut.«

Nun ist es aber so, dass die historischen Ereignisse, von denen ich berichten muss, Zweifel in mir weckten, als ich zwölf geworden war.

Beispiel Sommer 1940. Ich stand wieder mal als Junge auf der Kiste, im Kino unter mir lief die *Deutsche Wochenschau.* Und unsere Truppen siegten, siegten, siegten. Am Boden und im Himmel siegten sie. Und zwar mit einem Male auch in Afrika! »Das ist doch ein ganz anderer Kontinent«, habe ich mir gesagt. »Weit weg ist der vom Heimatland! Warum kämpfen unsere Truppen jetzt im Sand? Was gibt es in der Wüste denn zu siegen?« Eine Antwort hab' ich, so weit ich mich entsinne, an dem Tag gar nicht erst gesucht.

Dann kam das Jahr 1941, ich wurde dreizehn, kam auf die Ordensburg, und was dann geschah, hat mich – wie soll ich sagen – sprachlos werden lassen. Es fing auf dem Exerzierplatz an. Früh am Morgen. Beim Appell. Alle fünfzehnhundert standen in Kolonnen. Der Schulleiter stieg aufs Podest. Klopfte auf sein Mikrofon. *Kramm-kramm-kramm* war aus Lautsprechern zu hören und kam als Echo von den Mauern der hohen Häuser zurück. Dann sprach der Leiter aller Schulen von seiner Hochachtung für den Führer, bevor er verkündete, dass heute, an diesem 22. Juni, der Reichskanzler Adolf Hitler mehreren Divisionen den Befehl gegeben habe, mit einem Überraschungsangriff den Krieg gegen Stalin und seine Sowjetunion zu beginnen.

Dass ich sprachlos war, habe ich schon gesagt. Es kann auch durchaus sein, dass mir der Mund offen gestanden hat. Denn es war doch erst zwei Jahre her, dass sich der Führer mit Stalin einig geworden war. Und jetzt greift er ihn an?

Wie konnte das nur sein?

Was war zu tun?

Ich erinnere mich, dass der verwirrte Knabe überlegte, mit welchem Erwachsenen er über so ein Hin und Her einmal sprechen konnte. Und von wem eine Antwort zu erwarten war. Vom Bibliothekar vielleicht?

Nein. Lieber nicht. Zieh den da nicht mit rein.

Ja, wen gibt's denn sonst?

Niemand. Niemand? Niemand. Wenn du den Führer nicht verstehst, wird das dein Geheimnis bleiben müssen.

Den ganzen Tag bin ich herumgelaufen mit diesem Problem im Kopf. Als es Nacht wurde, habe ich – ganz allein für mich – mir einen Ausweg zurechtgedacht. Und zwar so: Des Führers Hintergründe einer solchen Handlung zu verstehen, ist zu kompliziert für mich. Fortan kümmere ich mich um nichts anderes als um mich selbst. Mein Leben auf dieser Burg, in dem ich vorwärtskommen will. Und rundherum zufrieden bin.

HITLER UND STALIN

Im August 1939 unterzeichnen die Außenminister von Ribbentrop und Molotow in Moskau den deutsch-russischen Nichtangriffspakt. Sie verpflichten sich, bei Konflikten eines Vertragspartners mit Dritten neutral zu bleiben – wohlwissend, dass es sich bei diesem Dritten um Polen handeln wird. In einem geheimen Zusatzprotokoll sichert Hitler Stalin für den Fall einer »territorialpolitischen Umgestaltung« in Polen und den baltischen Staaten jene Gebiete zu, die das Zarenreich im Ersten Weltkrieg verloren hatte. Am 1. September 1939 beginnt der Polenfeldzug der Wehrmacht. Am 17. September fällt die Rote Armee in Polen ein. Ein Grenz- und

Freundschaftsvertrag schreibt die Kooperation zwischen Hitler und Stalin fort – bis die Wehrmacht im Morgengrauen des 22. Juni 1941 die Sowjetunion überfällt.

IN FORTSETZUNG DER AKUTEN WELTGESCHICHTE muss ich, Mann in alten Jahren, jetzt auf Japan, Deutschland und Italien zu sprechen kommen. Diese drei Mächte waren im Verlauf des Jahres 1941 in ein Bündnis von gegenseitigem Beistand eingetreten. Die Regierungen vieler Länder auf der Welt haben das gewusst. Doch niemand hat auch nur das Geringste getan.

Anders stand es mit den Plänen Japans, die Vereinigten Staaten in einen Krieg zu zerren. Die Amerikaner waren ahnungslos. Wie es gewesen ist, als Japan den Krieg begann, legt Zeugnis davon ab. Und zwar so:

Es war im Morgengrauen des 7. Dezember 1941, als eine riesige Anzahl japanischer Kampfflugzeuge über Hawaii hergefallen ist und im Hafenbecken von Pearl Harbor einen Großteil der vor Anker liegenden amerikanischen Pazifik-Flotte versenkte. Der Krieg der Japaner gegen Amerika hatte begonnen. Hitler und der italienische Diktator Mussolini erfüllten ihren Beistandspakt. Am 11. Dezember 1941 erklärten Deutschland und Italien den USA ihren Krieg.

DER NEULING AUF DER ORDENSBURG und seine Kameraden ahnten nichts davon. Nicht das Geringste. Es wurde ihnen nämlich nichts davon erzählt. Und warum nicht, das hängt im Leben oftmals von Kleinigkeiten ab. Eine dieser Kleinigkeiten halte ich hier fest:

Anfang Dezember gab es in Bayerns Bergen sehr viel Schnee. Die Zeit des Skilaufens war gekommen, und dreißig Burschen aus der Ordensburg Sonthofen wurden mit dem Postautobus auf eine Skihütte gebracht, die über der kleinen Stadt Bad Hindelang gelegen ist. Und nun komme ich auf die Kleinigkeit zu sprechen, die das Leben sich erlaubte. Diese Kleinigkeit – das waren zwei Radios. Ganz genau gesagt, war es ein Radio, das es gar nicht gab. Und ein anderes, das kaputt gewesen ist.

Radio Nummer eins hätte sich im Postauto befinden sollen. Befand sich dort aber nicht.

Radio Nummer zwei war bis zum Jahr zuvor die ganze Freude des Hüttenwarts. Doch die ist leider kaputt gewesen.

Und so hat es sich ereignet, dass die Nachricht über den Beginn des Kriegs mit Amerika zu den Jungs im Schnee nicht hatte kommen können. Das Erschrecken über diese schlimme Nachricht setzte sich bei mir erst in der Seele fest, als ich mit den anderen Jungs zurück auf der Ordensburg gewesen bin.

KRIEGSEINTRITT DER USA
Am 8. Dezember 1941, dem Tag nach dem Angriff auf Pearl Harbor, erklären die USA und Großbritannien Japan den Krieg. Hitler spekuliert darauf, die USA bei Aufteilung ihrer Truppen auf die Kriegsschauplätze Ostasien und Europa zu schwächen, und erklärt den USA am 11. Dezember seinerseits den Krieg. Das US-Militär ist längst nicht ausreichend vorbereitet, dennoch schafft es Präsident Roosevelt, durch eine enorme Wiederaufrüstung, die Truppenstärke bis 1945 auf über elf Millionen Soldaten anzuheben. Schon vor Kriegseintritt war in den USA die Wehrpflicht wiedereingeführt und das »Leih-Pacht-Gesetz« vom US-Kongress genehmigt worden, welches die Lieferung von Waffen und Rüstungsgütern an Staaten ermöglicht, die für die Verteidigung der USA wichtig sind, u. a. Großbritannien. Währenddessen wächst in Frankreich der geheime Widerstand gegen die deutschen Besatzer. Charles de Gaulle gründet 1940 in seinem Londoner Exil das Komitee »Freies Frankreich«. Er wird zur Integrationsfigur der Résistance.

AM ENDE DES ERSTEN HALBEN JAHRES auf der Ordensburg gab es Weihnachtsferien. Wunderbar! In Biesdorf herrschte Freude. Mutter küsste mich und küsste mich und küsste mich. Vater drückte den Sohn stolz an seine Brust.

Schwester Ilse hat ihren kleinen Bruder in die Tanzstunde mitgenommen.

Ich bin aber auch viel allein unterwegs gewesen. Eine Begebenheit in jenen Tagen erscheint mir erzählenswert. In der S-Bahn habe ich sie erlebt, in einem fast menschenleeren Wagen. Ich saß auf einer Bank mit dem Rücken zu zwei Männern. Beim Einsteigen hatte ich gesehen, dass sie recht vornehm gekleidet und ihre Wangen frisch rasiert waren. In ihrem Gespräch, das ich mit anhören konnte, ging es um einen Luftangriff, den die Engländer im Monat zuvor auf Berlin geflogen hatten – am 7. November, wenn ich sie recht verstanden habe.

»Über hundert Maschinen sollen das gewesen sein«, hörte ich einen der beiden leise sagen.

»Ja, gewaltig«, meinte der andere. »Aber viele davon wurden abgeschossen.«

Dann schwiegen sie ein wenig. Jedenfalls so lange, bis der mit dem Satz über hundert Maschinen lachen musste. »Was gibt's zu lachen?«, wurde er gefragt.

»Ich bin gestern an einem Haus vorbeigekommen, das mich an Hermann Göring hat denken lassen«, kam die Antwort.

»An Göring?«

»So ist es«, bestätigte sein Freund. »Es war ein Mietshaus. Drei oder vier Stockwerke hoch.«

Der andere schwieg.

»Die Hälfte des Gebäudes lag in Trümmern. Bei dem letzten Angriff der Tommys ist das wohl passiert.«

»Na gut. Und?«

»Die andere Hälfte stand.«

Man hörte, wie sein Freund ein Feuerzeug aufschnappen ließ.

»Im Parterre links konnte ich den Teil eines Badezimmers sehen. Und habe an Göring denken müssen.«

Der elegante neben ihm blies hörbar den Zigarettenrauch aus. »Es wird Zeit, dass du mir mal erzählst, warum.«

»Kannst du dich noch an eine Rede von Göring erinnern, die aus dem Radio kam? Gleich zu Anfang des Krieges ist das gewesen. Eine Rede, die zum Lachen war.«

»Du meinst die, als er sagte, ob und wann und warum er sich einen neuen Namen geben würde?«

»Genau«, kicherte der andere. Ich spürte, wie er sich hinter mir aufrichtete. Gerade so, als würde er eine Rede halten wollen. Und die Rede kam.

»Volksgenossen und Genossinnen!«, ging es los. »Ich will Meier heißen, wenn auch nur ein einziges feindliches Flugzeug in den Luftraum über der Reichshauptstadt kommt.«

»Ja! Fällt mir wieder ein. Sowas Dämliches hat er gesagt.« Der Mann lachte stoßweise. »Aber was hat das mit dem zerbombten Badezimmer zu tun?«

»Vor das Klo hatte der ausgebombte Mieter einen großen Karton gestellt und auf die Pappe mit Ölfarbe ein Gedicht geschrieben.« Und dann sagte er es auf:

Hier hab ick zwanzig Jahre lang jeschissen.
Denn ha'm die Tommys mir rausjeschmissen.

Und würde Hermann nich Meier heißen,
denn könnt' ick hier noch länga scheißen.

Der Mann mit dem abgehackten Lachen war nicht zu bremsen durch den Freund. Sein Lachen wurde laut. Ich stimmte recht laut mit ein. Weil das Gedicht doch ziemlich komisch war. Das wollte ich den beiden sagen und drehte mich zu ihnen um. Was ich sah, war dies: Derjenige, der von dem Klo und dem Gedicht erzählt hatte, deckte des Freundes Lachen mit beiden Händen zu.

DIE FERIEN GINGEN viel zu schnell zu Ende. Das Jahr darauf hat uns die Schulleitung nicht nach Hause fahren lassen, das ganze Jahr 1942 über nicht. Wir mussten im Allgäu bei der Ernte helfen, im Frühjahr und im Herbst. Wunderbar ist es gewesen, dass ich wieder habe fliegen dürfen. Zwar nicht in einem richtigen Segler, einer Grunau-Baby oder so, aber der alte Gleiter war dennoch mein großes Glück. Und am Hang von Krumbach tobten wir uns alle richtig aus.

GUT WAR AUCH, dass ich mir Zeit für meinen ersten Traum nehmen konnte, den Traum vom Schreiben. Eine ganze Reihe von Geschichten habe ich zu Papier gebracht, auch wenn das nicht immer einfach war, in einem Zimmer mit vier Betten, vier Tischen, vier Stühlen und vier Spinden. Und warten musste ich, jede Nacht, bis der Atem der drei anderen Jungen fest und ruhig war. Ich habe nämlich ein Geheimnis gemacht aus meinem Schreiben, nachdem es vorgekommen war, dass der eine oder andere in meinem Jahrgang meine Geschichten als verschroben bezeichnet hatte.

Wenn ich nun mein Geheimnis hüten wollte, musste ein Versteck gefunden werden. In einem kahlen Raum wie dem unsrigen war das alles andere als leicht. Die Erzieher fanden einfach alles. Einer war besonders schlimm. Er hieß Petersen. Wir nannten ihn Paike. Wie ein Spürhund war er ständig unterwegs. Seine Augen sind schwarz gewesen. Stechend. Ich fürchtete mich vor ihnen. All die Jahre, die ich auf der Burg gewesen bin. Mit Poltern stieß er unsere Tür stets auf. Hat uns erschrecken wollen. Wühlte in den Spinden herum. Mit schnellen Händen ging er durch alle unsere Sachen. Ich sagte mir, pass bloß auf, dass er sich nicht durch dein Geheimnis wühlt.

Ich hatte aufgepasst. Und für mein Geheimnis was gefunden. Es war ein Pergament. In Krumbach hatte es an der Wand gehangen. Der Bauplan für einen Schulgleiter war daraufgedruckt. Ich habe das Pergament aufgerollt, die Seiten mit meinen Geschichten dort hineingesteckt, und die Rolle aufrecht in meinen Spind gestellt. Dies aber so, dass der Schriftzug »SG 38« nach vorne hin gut zu lesen war. Paike hat's gelesen und sich nichts dabei gedacht.

ES GESCHAH AN EINEM ABEND in der Bibliothek, dass mir vom Schicksal ein gänzlich anderes Leben vorgezeichnet wurde. Um das zu tun, bediente sich das Schicksal eines Fremden. Der Mann hat nicht ahnen können, dass er Wegbereiter werden würde für meinen Aufruhr der Gefühle. Für mein Doppelleben. Meine Begegnung mit dem Tod. Der Name des Mannes war Weidenmann. Vorname Alfred. Filmregisseur.

ER KAM IN DER LETZTEN STUNDE vor Zapfenstreich durch die Eichentür zwischen den bunten Bücherrücken. Auf geradem Weg lief er auf mich zu. Als er vor mir stand, sagte er: »Du musst der Eberhard aus Biesdorf sein.« Er sprach sehr leise. Der würdevollen Ruhe dieser Bibliothek wegen, so nahm ich an. Dann nannte er mir seinen Namen. Unbekümmert nahm er sich den Stuhl neben mir. Und erzählte, warum er hergekommen war. Er sei zwar noch jung, so sagte er, sechsundzwanzig erst, dennoch habe die Ufa ihm einen Film als Spielleiter gegeben. *Junge Adler*: die Geschichte von Lehrlingen in einem Flugzeugwerk. Und auf einer Fahrt zu verschiedenen Gymnasien in ganz Deutschland suche er diese Jungs nun für die Hauptrollen aus. Begabte Burschen müssten das schon sein, anders ginge es ja nicht, und bei der Schulleitung der Ordensburg hatten sie ihm gesagt, dass der Adolf-Hitler-Schüler Krüger bei Sonnenwendfeiern die Gedichte des Baldur von Schirach eindrucksvoller aufzusagen wisse als jeder andere hier.

Dann hatte er ein Tauschgeschäft für mich: Ich tue ihm den Gefallen und komme zu Probeaufnahmen nach Berlin. Er wiederum tue mir den Gefallen und schlage mir bei der Schulleitung zwei Wochen Sonderurlaub heraus. Zwei Wochen keine Schule! Zwei Wochen in Berlin! »Denn«, sagte er, »so ist das nun einmal im Leben: Kratzt du mir meinen Rücken, kratz ich dir deinen Rücken.«

Mir gefiel der Mann. Er war sympathisch. Brachte mich zum Lachen. Und, dachte ich, er hat dich nicht gefragt, ob's dir auf der Ordensburg gefällt. Sonst fragen die Leute das doch immer. Der aber nicht. Und dann war da noch was: »Auf der Fahrkarte nach Berlin wird ERSTE KLASSE stehen.« Sowas hat's in meinem Leben nie gegeben. Wirklich wahr! Das hat es nicht. Und als ich Wochen später in dem Zug gewesen bin, saß ich da wirklich erster Klasse!

Mir gegenüber hatte es sich einer von der Artillerie bequem gemacht. Ein General. Er sah sich die Buchstaben auf meinen Schulterklappen an. »AHS. Was soll das sein?«

»Adolf-Hitler-Schule«, klärte ich ihn auf.

»Ah! Sehr erfreut!«

Als Nächstes hat er das Dreieck auf meinem Oberarm betrachtet. »Frankfurt/Oder. Wie verstehe ich das?«

»Da kommt die AHS der Mark Brandenburg mal hin. Nach dem Krieg.«

»Und zur Stunde? Wo seid ihr da?«

»Auf der Ordensburg Sonthofen, zusammen mit den anderen Schulen – Tilsit, Bayern und so weiter und so fort.«

»Verstehe.« Eine Weile beschäftigte er sich mit seiner Zeitung. Dann traf mich abermals sein Blick.

»Reisen Adolf-Hitler-Schüler stets in der ersten Klasse?«

Ich fand seine Fragerei allmählich nicht mehr gut. Auf der Suche nach einer Antwort fiel mir ein Witz von einem

Berliner Taxifahrer ein. Es war der, wo ein Mann aus Chemnitz dem Fahrer fünf Mark Trinkgeld gibt, und weil der die freundliche Gabe schweigend in die Tasche steckt, will der Fremde wissen, ob die Berliner Taxifahrer sich nicht bedanken, wenn es ein recht hohes Trinkgeld gibt.

»Manche tun't«, sagt der. »Und manche tun't ooch wieda nich.«

Ich wollte die Pointe eigentlich von mir geben, aber weil der Satz »Manche Adolf-Hitler-Schüler tun't, und manche Adolf-Hitler-Schüler tun't ooch wieda nich.« in meinem Kopf befremdlich klang, habe ich ihn nicht ausgesprochen.

Ich glaube, ich habe nichts gesagt.

JEDER, DEN ICH IN BIESDORF TRAF, freute sich, mich zu sehen.

Die Filmhallen von Babelsberg erschienen mir recht groß. Ich fand sie eindrucksvoll. Dahinter gab es etwas, das sich »Gelände« nannte. Eine schnurgerade Straße lief da hindurch. Sie hatte Häuser links und rechts, die mir dem Mittelalter nachempfunden schienen. Und dann kam etwas, das mich überraschte. Es war ein Dorf mit kleinen Geschäften. Die Namen über allen Türen waren in einer Sprache geschrieben, die ich für Französisch hielt.

Ein paar hundert Meter weiter lief ich durch ein Dorf, das in einem Krieg kaputtgeschossen schien. Die Schilder am Straßenrand trugen eine Schrift, die ich nicht lesen konnte. Ich nahm mir vor, die Filmleute einmal danach zu fragen.

DIE PROBEAUFNAHME WAR EIN KINDERSPIEL. Ein Arbeiter, dessen Beruf »Requisiteur« genannt wurde, stellte einen großen Vogelkäfig vor mich hin, in dem ein ausgestopfter Adler saß. Weidenmann sagte, in der richtigen Szene, die für den Film gedreht würde, sitze da ein richtiger Adler drin. Die Assistentin des Regisseurs gab mir eine Seite Text, den ich ganz schnell lernen musste.

In der Szene sprach ich zu dem ausgestopften. Bei der ersten Probe musste ich an meinen Bussard denken. Den klatschnassen. Und zu dem hatte ich ja auch das eine oder andere Wort gesagt. Es war also wirklich alles wie im Leben. Nach der ersten Probe haben wir die Szene gleich gedreht. Ich hatte dem ausgestopften erzählen müssen, dass mich ein Pilot heute mitgenommen hat, nach ganz oben, zu einem Flug. Im Doppeldecker. Die Schönheit dort sei grenzenlos gewesen. Und da hätte ich verstanden, dass es ein großer Fehler war, den Adler eingesperrt zu haben. Am Schluss der Szene öffnete ich das Türchen. Damit der Adler fliegen konnte.

AM ENDE DER ERSTEN WOCHE sagte Weidenmann, er hätte die Probeaufnahme Professor Liebeneiner gezeigt, der der Chef der Ufa war, und dieser habe zu ihm gesagt: »Mit dem sollten Sie den kleinen Komiker in Ihrem Film besetzen.«

Der Regisseur lächelte mich an: »Wenn du also willst …«

Ich wollte nicht. »Eine Arbeit, die damit anfängt, dass ein sogenannter Maskenbildner einem das Gesicht braun anmalt und die Lippen rot«, habe ich dem Regisseur gesagt, »ist vielleicht etwas für Mädchen. Für mich ist das nichts.«

Ich sah, wie Weidenmann nach einem Ausweg suchte. Und den Ausweg fand. »Wie wär's mit einer Leica? Ich habe zu Hause eine liegen. Und benutze sie kaum. Irgendeiner im Team hat mir erzählt, dass du gerne Fotos machst. Stimmt das mit den Fotos?«

»Ja«, sagte ich. »Is' wahr. Aber …« Und in diesem Augenblick kam Albert Florath in das Zimmer. In vielen Filmen hatte ich ihn gesehen, den kleinen runden Mann mit den weißen Haaren, die ihm bis auf die Schultern fielen. Auch auf der Bühne hatte ich ihn gesehen. Die Presse schrieb, dass er ein Volksschauspieler sei. Ich war begeistert von dem Mann, und Weidenmann muss mir das wohl an den Augen abgelesen haben, denn er sagte, dass Albert Florath in dem Film den Lehrlingsvater spielt, und fügte hinzu: »Abbi, vor dir steht ein Junge, den ich für die Rolle ›Bäumchen‹ haben will, du weißt, für den mit dem Akkordeon, aber dieser Tausendsassa gibt mir einen Korb.«

Herr Florath sah zu mir herüber: »Ist wahr? Und warum wohl?«

»Er findet, Schauspieler sei ein Beruf für kleine Mädchen«, war die Antwort

Herr Florath lachte laut darüber. Und wollte meinen Namen wissen. Als Weidenmann ihm den nannte, sagte er: »Eberhard, nun mal ehrlich. Sehe ich wie ein kleines Mädchen aus?«

Es wird wohl niemanden überraschen, wenn ich sage, dass ich im Boden hatte versinken wollen. Alles was mir blieb, war, den Kopf zu schütteln.

»Abbi«, hörte ich den Regisseur jetzt sagen, »mir kommt da eine Idee: Das Elternhaus von diesem Eberhard steht in Biesdorf, was am Stadtrand im Osten von Berlin liegt. Es ist ein großes Haus mit einem Kino nebenan. Der Vorführer ist ein guter Freund von Eberhard. In Sonthofen, als ich ihn auf der Ordensburg besucht habe, hat er mir von ihm erzählt. Und dieser gute Freund lässt ihn, wann immer Eberhard in Biesdorf ist, Filme sehen. Hast du nicht auch einen guten Freund, der Filmvorführer ist?«, fragte der Regisseur leise und zwinkerte dabei. »Du weißt schon, wen ich meine. Den im Vorführraum bei Halle 3. Wenn er uns ganz bestimmte Filme besorgt, dann versprechen wir dem kleinen Filmliebhaber namens Krüger, dass er an jedem Tag nach Drehschluss einen Film ansehen kann. Vielleicht spielt er ja dann auch mit in unserem Film.«

ICH SPIELTE MIT IN IHREM FILM, und Weidenmann gab die Marschroute eines Adolf-Hitler-Schülers – die zu Aufruhr der Gefühle, Doppelleben, Begegnung mit dem Tod führen sollte – zunächst an Florath weiter …

Wie von Stund an mein Leben sich veränderte, schreibe ich jetzt auf.

DIE DREHZEIT BEGANN IM SOMMER 1943 und dauerte ein halbes Jahr. Am dritten oder vierten Tag der Vorbe-

Dass Abbi Florath Nazigegner war, habe ich erst sehr viel später erfahren.

Alfred Weidenmann hat mich in Sonthofen überreden müssen, in seinem Film eine Rolle als Schauspieler zu übernehmen, was ich für eine Beschäftigung von Mädchen hielt …

reitung zog mich Alfred Weidenmann vor die Halle. »Musst du hier Tag für Tag in dieser Uniform antanzen?« Die Frage hatte er leise gestellt. Und es ging auch leise weiter. »Dietmar Schönherr, Gunnar Möller und die anderen Jungs kommen bunt und sommerlich daher. Du aber steckst in diesem ewig braunen Hemd und den schwarzen Hosen.«

Ich war überrascht. So hatte noch nie jemand zu mir gesprochen. Worin ich steckte … war das Ehrenkleid des Führers!

»Zieh doch mal was anderes an«, schlug der Regisseur vor. Und verwirrte mich damit.

… wozu Albert Florath mich fragte, ob er mir in »Junge Adler« einem Mädchen gleichen würde.

»Das geht nicht«, sagte ich.

»Warum nicht?«, kam prompt von ihm die Frage.

»Weil … Was anderes hab ich nicht.«

»Ja, Donnerwetter aber auch …«

»Eine bayerische Lederhose hätte ich. Die ist grau. Hellgrau. Wird aber auch mit einem braunen Hemd getragen.«

Der Mann vor mir holte tief Luft. »Komm mal mit. Wir gehen in den Fundus.«

Dieser Fundus war eine riesengroße Halle. In Dreierreihen hing dort Männergarderobe von der Decke herunter. Das waren Kleidungsstücke aus den verschiedensten Jahrhunderten.

Ein Mann mit Bauch passte mir einen Anzug an. Gab mir ein Hemd. Und dazu noch Hosenträger. Ich zog alles an und ging zu einem Spiegel. Wer da in dem hellen Rahmen stand, sah wie ein gänzlich anderer Junge aus.

Dieser Satz über eine Veränderung muss als oberflächlich angesehen werden, ich weiß das wohl, weil sie ja nichts anderes als Hemd und Hose anbetraf. Was aber zur gleichen Zeit begann, war eine Veränderung in meinem Kopf. In meinem Wesen. Oder soll ich Seele dazu sagen?

ALLES, WAS IN MIR ANDERS WERDEN SOLLTE, geschah allmählich. Nahm sich Zeit. Ließ mich warten. Im *Projektionsraum 3* des Ufa-Studios beispielsweise. Herr Florath hatte mich in diesen Raum geschickt. Da stand ich wartend vor roten Sesseln rum. Die Sessel waren menschenleer. Anders hatte ich das nicht erwartet, denn Herr Florath hatte es vorausgesagt: »Die Vorführung heute Abend, die ist ganz für dich allein.«

Ich sah zu dem kleinen Fenster hoch, von dem ganz sicher der Vorführer auf mich heruntersah. Ich nahm auch an, dass die Mikrofone in dem Raum eingeschaltet waren, sodass der Vorführer mich nicht nur sehen, sondern auch hören konnte.

Da stand ich also nun. Wartete. Und weil nichts geschah, rief ich zu dem kleinen Fenster hoch: »Guten Abend, Herr Filmvorführer. Ich bin Eberhard Krüger. Würden Sie mir bitte Ihren Namen nennen?«

Was dann kam, hat mich überrascht. Die Antwort kam aus zwei Lautsprechern zur gleichen Zeit, ist aber nur ein Wort gewesen: »Nein!«

Ich glaubte, meinen Ohren nicht zu trauen. »Ja, aber …« Ich wusste nicht, was tun … Und fragte nach oben: »Ja, aber wie soll ich Sie denn ansprechen, wenn wir uns was zu sagen haben?«

»Wir haben uns nichts zu sagen.«

Gleichzeitig mit dem Satz wurde es dunkel im Raum, und der Film fing an. Sein Titel war *Amphitryon*, aber zunächst einmal habe ich davon nichts mitgekriegt, denn die Verhaltensweise des Filmvorführers hab ich mehr als unhöflich gefunden.

Ich vertrieb den Unhöflichkeitsbolzen aus meinen Gedanken, entschied, dass ich mich auf *Amphitryon* zu freuen habe und ließ mich von einer Szene zur nächsten tragen.

Sobald der Film zu Ende war und die Lichter in dem Raum nach oben gefahren wurden, lief ich eilig in die Kantine. Herr Florath hatte mir gesagt, dass er dort auf mich warten würde. Als ich die Tür aufstieß, sah ich ihn mit einer Flasche Wein an einem der vielen Tische sitzen. Er war allein. Außer ihm gab es keinen zweiten Menschen in dem hellen Raum. Das lag daran, dass aus allen Hallen und allen Büros die Ufa-Leute eilig zur S-Bahn strömten, sobald ein Arbeitstag zu Ende war. Es geschah nicht oft, dass sich jemand vor dem Heimweg erst noch mal auf ein Bier an die Theke lehnte.

BEVOR ICH NIEDERSCHREIBE, was von da an mit mir geschah, muss ich unbedingt etwas ganz Privates sagen: Beim Anblick des Wartenden ist mir der Gedanke durch den Kopf gegangen, wie glücklich ich mich schätzen durfte, dass so ein berühmter Mann mich nicht nur wahrnahm, sondern sich auch noch um mich kümmerte.

Doch zurück zu der Kantine.

Ich musste noch durch den großen Raum zu meinem Gönner laufen und sah an seinem Mund, dass er etwas sagte, was ich aber nicht verstand. Als ich bei ihm war und einen Stuhl heranzog, hörte ich ihn leise sagen: »Die Fröhlichkeit in deinem Gesicht, mein Kleiner, sagt mir, dass dir der Film gefallen hat.«

»Und wie!«, rief ich laut.

Er sah sich um und legte seinen Zeigefinger auf den Mund. Ich brachte meine Meinung an, voller Kraft und froh, weil ich begeistert war von den Göttern, diesen Griechen, von der Musik und dem Gesang und von der Komik, und als Herr Florath mir zuzischte: »Um Gottes willen! Nicht so laut!«, verstand ich den Sinn dahinter nicht. Vielmehr bin ich aufgesprungen, weil ich ihm vormachen wollte, wie Paul Kemp als Götterbote Merkur auf Rollschuhen durch den Olymp geglitten ist, und da packte er mich mit beiden Händen an den Schultern und drückte mich zurück auf den Stuhl.

»Nicht so laut!«, herrschte er mich nochmals, »der Abendkellner ist in der Küche! Mit der Kaltmamsell! Hinter der dünnen Tür da drüben!«

Ich fragte verwundert, was denn dabei sei und warum mich nicht jeder hören könne. Und da sah ich die Angst in Albert Floraths Augen kommen und hörte ihn ganz langsam sagen: »Weil … der Film … verboten … ist.«

»Verboten? Wie denn das?«

Die Antwort kam geflüstert: »Der … Regisseur … ist … Jude.«

Das war ein harter Schlag.

Jude!

Ich hatte mit angehört, dass die Juden unser Unglück sind. »Trau keinem Fuchs auf grüner Heid und keinem Jud bei seinem Eid«, so hatte ich es gelernt. Und auf dem Alexanderplatz, in Dunkelheit und vor Verwüstung, hatte ein Schild gestanden: Juden raus!

In Sonthofen, im Politischen Unterricht, hat Paike aus der Zeitschrift *Stürmer* vorgelesen, dass die Juden unseren Frauen Gewalt antun.

Nun aber *Amphitryon*! So ein guter Film! Gemacht von einem Juden? Das konnte doch nicht sein! Die Überlegung ging mir durch den Kopf, dass dies ein Einzelfall gewesen sein musste. Meine Verwirrung war recht groß. Und wurde größer noch, als ich meinen Gönner flüstern hörte, es dürfe nicht herauskommen, dass ich den Film gesehen habe.

Also gut, habe ich mir gedacht. Dann mache ich eben aus Albert Floraths Fehler ein Geheimnis.

Vor dem nächsten Film habe ich gar nicht erst versucht, mit dem Vorführer ins Gespräch zu kommen. »Wenn du dir einen Platz in der Mitte dieses Vorführraums aussuchst«, habe ich mir überlegt, »dann sieht dieser unhöfliche Knopp ja durch sein kleines Fenster, dass du da bist. Er fährt die Lampen runter, und der Film fängt an.« Frohgemut habe ich dann den Lichtwechsel begleitet, und der Film ist gekommen.

Er hieß *Voruntersuchung*. Ein Kriminalfilm. Im Rotlichtmilieu spielte er. Das ist ein heikles Thema, habe ich mir gesagt, aber der Film ist gut gewesen. Die Schauspieler waren klasse.

Ebenso wie beim ersten Film wartete Herr Florath in der Kantine auf mich. Wieder war keine Menschenseele da. Und der alte Mann sah einsam aus. Ich glaube, dass er mir hat Wein einschenken wollen, aber ich habe abgelehnt: »Bitte nicht! Beim letzten Geburtstag, also dem von Vater, hat er mich was trinken lassen. Mir ist das alles andere als gut bekommen.« Darüber hat Herr Florath laut gelacht. Dann aber ist er ernst geworden. »Eberhard«, hat er gesagt, »ich kann in deinen Augen lesen.« Dieser Satz war wieder leise. Der nächste ebenso. »In deinen Augen lese ich schon wieder, dass dir der Film gefallen hat. Nun spring aber nicht gleich wieder auf! Erspare mir deine lauten Sätze. Und auch deine Pantomime.« Mit der rechten Hand strich er über meinen Kopf und flüsterte: »Es ist nämlich auch diesmal wieder besser, wenn niemand weiß, dass du den Film gesehen hast.«

»Weil er verboten ist?«

Herr Florath nickte.

»Na ja«, sagte ich, und flüsterte nun auch. »Weil es um den Mord an einem jungen Straßenmädchen geht?«

Der alte Mime sah mich traurig an. »Nein, mein Kleiner. Darum geht es nicht.«

»Sondern?«

»Denk mal nach.«

Die drei Worte jagten mir einen Schrecken ein. Hatte er schon wieder einen Film besorgt, der von einem Juden stammte? Als Antwort hob der Mann die Schultern. Das sah wie Bedauern aus.

Auf dem Heimweg, in der S-Bahn, war ich – wie soll ich's nennen? – sehr verstört. Florath … und schon wieder Jude? Am Bahnhof Friedrichstraße rissen mich die Sirenen aus meiner Not.

WAS ICH, DER NACHERZÄHLER von Ereignissen, die dem Leben eingefallen sind, an dieser Stelle unterbrechend niederschreiben muss, sind die Luftangriffe, die ab dem 16. Januar 1943 jede Nacht von britischen und amerikanischen Bombern auf Berlin geflogen wurden. Diese kriegerischen Handlungen zu erwähnen, habe ich nicht etwa vergessen. Keineswegs! Ich komme noch ausführlich darauf zurück, jedoch an anderer Stelle. Meinen Bericht über die Wandlung, die ich in der verbrecherischen Nazizeit durch mutige Deutsche aus dem Untergrund habe erfahren dürfen, erzähle ich in thematisch getrennten Kapiteln. Nur das ist es. Kein anderer Grund.

Nachdem das nun gesagt ist, kehre ich an die Stelle zurück, als die S-Bahn-Fahrt von Babelsberg nach Biesdorf an der Friedrichstraße durch den – jede Nacht wiederkehrenden – Luftangriff unterbrochen wurde.

DER ZUG WAR IN WINDESEILE LEER. Ein jeder rettete sich die paar hundert Meter die Straße hinauf zu einem großen Luftschutzbunker, der tief unter dem Schiffbauerdamm angelegt worden war.

Ich wollte an einer alten Frau vorüberhasten, aber als die in Panik schrie: »Leute! Lasst mich nicht allein! Bitte! Bitte nicht!«, sah ich die Gicht an ihren Beinen und nahm die dürre Frau huckepack auf meinen Rücken. Was nichts Besonderes war. Sie war federleicht. Voller Glück drückte sie mir ein paar Mal von hinten ihre Lippen auf den Hals.

Der Bunker war mit Menschen voll besetzt. Ich hockte mich in eine Ecke, die recht dunkel war. Und begann, das Erlebte zu durchdenken. Was ich zu durchdenken hatte, war der zweite Film, den Albert Florath mir hatte vorführen lassen. Den ersten, *Amphitryon*, stufte ich als einen Fehler ein. Ganz sicher steckte Absicht nicht dahinter. Beim zweiten aber konnte ein Plan dahinter sein. Jedoch … der alte Herr war immer nur gut zu mir. Mich in Gefahr zu bringen, passte nicht zu ihm. Ich war verzweifelt.

Und sagte mir nach ziemlich langer Zeit: Wirf den Gedanken lieber fort.

Als die Sirenen Entwarnung heulten, brannte der Himmel hinterm Bahnhof feuerrot. Doch die S-Bahn fuhr. Jedenfalls in Richtung Osten. Ich brauchte nicht nach Haus zu laufen.

Am nächsten Tag drehten wir die Szene, in der ich Akkordeon zu spielen und Albert Florath in der Rolle des Lehrlingsvaters mit den anderen Jungs zu singen hatte. Ich brannte darauf, mit ihm zu sprechen, doch den ganzen Tag lang waren wir nie allein. Am Abend gab es keinen Film für mich. Als ich am abgedunkelten Pförtnerhaus des Ufa-Studios vorüberging, sah ich Herrn Florath wartend unter einer Laterne stehen. In der Lampe über ihm war kein Licht. Auch in den anderen Laternen nicht. Verdunkelung wurde das genannt.

Ich stellte mich ganz nahe vor Herrn Florath hin, weil es wichtig war, sein Gesicht zu sehen.

»Ich muss Sie mal was fragen.«

»Frag mich alles, was du willst«, war seine Antwort.

»Der Film gestern Abend«, fing ich an, »*Voruntersuchung* … ist der auch von einem Juden?«

Er nickte. »Die Frage, mein Kleiner, habe ich erwartet.«

»Zwei Filme«, sagte ich, »und zweimal Jude.«

Das Atmen fiel ihm schwer. Ich konnte das ganz deutlich sehen.

»Warum?«, fragte ich. Wenigstens glaube ich, dass es so war. Aber was er mir dann erzählte, weiß ich noch ganz genau. So, als wäre es gestern erst gewesen.

»Ich muss mit einer Bitte beginnen. Was immer ich dir jetzt erzähle, darf dich nicht dazu bringen, laut zu werden. Ob das wohl geht?«

Jetzt war's an mir zu nicken.

»Bis zu der Zeit, als Adolf Hitler Kanzler wurde, hatte ich unter Juden viele Freunde.« Er zählte die Regisseure an den Fingern ab. »Lubitsch. Siodmak. Eichberg. Schünzel. Litvak. Alle sind geflohen. Nach London. Nach Paris. Später dann nach Hollywood. Sie hätten sonst nicht überlebt.«

Er sah eine Gruppe Angestellter über die Straße kommen und sprach nicht weiter. Als die Leute näher kamen und erkannten, wer da unter einer dunklen Laterne stand, grüßten sie ihn. Er grüßte zurück, worauf sie weitergingen. Florath sah ihnen nach. Und wartete, bis anzunehmen war, dass sie ihn nicht mehr hören konnten. Erst dann ließ er mich wissen, warum er in der Nähe eines verdunkelten Tores auf mich gewartet hatte. Er begann mit dem Satz: »Ich glaube, dass Hitler den Krieg nicht mehr gewinnen kann.« Beim nächsten Satz schloss er die Augen. »Dem Frieden, der dann kommt, begegne ich mit Angst.« Nach diesem Satz stand eine Pause zwischen uns. Eine lange. Ich wusste nichts zu sagen. Nichts zu fragen. Doch seine Antwort kam ungefragt: »Sobald es Frieden gibt, werde ich sie wiedersehen. Lubitsch. Eichberg. Siodmak. Schünzel. Litvak. Alle. Und in dem Fall … ich werde sie um Vergebung bitten müssen.«

Den letzten Satz verstand ich nicht. Konnte ihn nicht verstehen, weshalb ich ihn gefragt habe, wie er das meine.

Er schien mir gequält und wollte wissen, ob ich den Film *Jud Süss* gesehen hätte.

Ich schüttelte den Kopf, und er sagte, dafür sei ich wohl zu jung.

»Was ist das für ein Film?«

»Ein schlimmer. Ein durch und durch antisemitischer Film.«

»Das Wort kenne ich nicht.«

»Ein Film, der Unmut gegen Juden machen soll.«

»Aber … Warum müssen Sie nun Juden um Vergebung bitten?«

»Ich habe in dem Film mitgespielt.« Nach dem Satz ist die Pause wieder lang geworden, bevor er weitersprach. »Sollte ich die Freunde, die ich früher hatte und die ihr Leben haben retten müssen, im Frieden wiedersehen, dann werde ich ein Geständnis abzulegen haben.«

»Welches Geständnis?«

»Gar nicht erst nach Ausflüchten gesucht zu haben, in *Jud Süss* nicht mitzuspielen.«

Wieder kamen Leute auf uns zu, und wieder grüßten sie ihn begeistert. Als auch die nicht mehr zu sehen waren, sagte er: »Und nun kommst du ins Spiel.«

»Ich?«

Er nickte. »Ich habe in dem Film mitgewirkt. Und schäme mich dafür. Sollte ich nun eines entfernten Tages den einen oder anderen meiner Freunde wiedersehen, werde ich zu ihnen von meiner Scham zu sprechen haben. Aber nicht nur davon. Auch von dem Versuch einer Wiedergutmachung werde ich erzählen. Und dieser Versuch manifestiert sich nun in meinem Bemühen, jungen Menschen, wie du einer bist, die Wahrheit zu vermitteln. Die Wahrheit über uns und unsere Zeit.«

»Wahrheit?«, fragte ich ihn, weil das alles für mich ein bisschen viel gewesen ist.

»Über mich und meine Juden. Wunderbare Regisseure aus vergangener Zeit. Zwei von ihren Werken habe ich dir gezeigt. Beide haben dir gefallen. Ach, was sage ich … gefallen! Haben dich begeistert! Das ist das rechte Wort.«

Er legte mir eine Hand auf die Schulter.

»Und ich werde dir noch mehr von diesen Filmen zeigen. Filme, die verboten sind. Um an dir etwas gutzumachen.«

Nach diesen Worten drehte er sich um und ließ mich in der Dunkelheit zurück.

Ich sah ihm nach und sagte mir, dass da einer geht, über den ich nachzudenken habe. Der alte Mann hatte von seinem Gewissen gesprochen, zu mir, einem Burschen von mal eben fünfzehn Jahren … Langsam – sehr langsam – machte ich mich auf den finsteren Weg zum S-Bahnhof. Mit Blick auf die Schienen sagte ich mir, dass ich nicht nur über den alten Mann nachzudenken hatte, sondern auch über seine Juden. Weil es vielleicht nicht richtig war, Floraths Freunde in einen Topf zu werfen mit denen, die als »unser Unglück« bezeichnet wurden.

In diesen Tagen jungenhafter Wandlung führte das Schicksal die Begegnung mit einem Mann herbei, der klug, begabt, gebildet und von großem Mut gewesen ist.

SEIN NAME WAR HANS SÖHNKER. Ich hatte ihn schon oft im Film gesehen: von allen Hauptdarstellern guter Filme gefiel er mir besser als jeder andere. Auch auf dem

Ufa-Gelände hatte ich ihn ab und an aus der Ferne gesehen. Wenn er aus dem Garderobenhaus gekommen war. Oder in die große Halle hinüberging. Immer wieder hatte ich mir vorgenommen, ihn höflich anzusprechen. Aber mich dann doch nie so recht getraut.

In den Stunden vor unserer ersten Begegnung hatte mich Herr Florath den Film *Das indische Grabmal* sehen lassen. Und gemeint, dass er wie immer in der Kantine auf mich warten würde, aber dann sagte er mir noch, dass es ein besonders schöner Abend werden würde, weil er eine Überraschung für mich habe.

Und diese Überraschung war dann Hans Söhnker. Ich traute meinen Augen nicht, als ich ihn hinter dem Stuhl meines alten Mimen stehen sah. Ich glaube, dass ich in großer Eile zu ihm hingegangen bin, so sehr habe ich mich gefreut. Als er mir die Hand gegeben hat, habe ich sie fest gedrückt. Und eine ganze Weile in meiner Hand behalten. Darüber hat er laut gelacht.

»Ich soll dich grüßen, Eberhard«, sagte er dann. »Der Filmvorführer lässt dich grüßen.«

»Is' wahr?«, habe ich gefragt und gesagt, dass ich mir das kaum denken könne, weil der Mann ein Flegel sei.

»Ich weiß«, sagte der berühmte Mann. »Während du den Film gesehen hast, ist er bei uns gewesen, hier in der Kantine. Abbi und mir hat er von seinem schlechten Benehmen erzählt. Es ist vor lauter Furcht gewesen, dass er dir seinen Namen nicht hat nennen wollen.«

»Furcht?«, habe ich gefragt. »Warum denn das?«

Hans Söhnker wollte das erklären, unterbrach sich aber gleich, weil er einen Kellner gesehen hatte, der weiter hinten durch eine Tür nach draußen ging. Sobald die wieder geschlossen war, sprach er leise weiter.

Was er mir erklärte, war dies: Der Vorführer hat mir, dem Fremden, nicht vertraut. Dieser junge Bursche war gekommen, sich verbotene Filme anzusehen. Diese Filme hatte der Vorführer aus dem Gebäude geholt, in dem das verbotene Material aufbewahrt wurde, für das er einen Nachschlüssel hatte. Selbst angefertigt natürlich. Und, so fragt sich der Mann bei den Projektoren, was geschieht, wenn dieser junge Spund verhaftet wird? Was, wenn er bei der Gestapo unter Folter Namen nennt? Den Namen des Vorführers beispielsweise? Schließlich ist er es ja, der diese Filme stets besorgt.

Das Wort Furcht verstand ich jetzt und nickte.

»Dann ist es gut.«

Der berühmte Söhnker legte einen Arm um meine Schultern. »Wir sagen dem Mann, dass du wieder gut zu ihm bist. Er wird sich freuen.«

»Sie können ihm auch sagen«, meinte ich grinsend, »dass ich nie wieder nach seinem Namen fragen werde.« Söhnker lachte. Mir gefiel sein Lachen. Sehr sogar.

Herr Florath erzählte dann, dass hier jeder vor der Folter Furcht verspüre. Es sah so aus, als würde er das erklären wollen. Doch Hans Söhnker hinderte ihn daran: »Abbi, hör auf. Nicht so viel auf einmal. Lass den Jungen jetzt in Ruhe!«

Ich war ihm dafür dankbar. Und dachte, dass ich einen Freund gefunden hatte.

DER TIGER VON ESCHNAPUR war der Titel des Films, den sie mir als nächsten zeigten. Groß der Film, bunt, mit schönen Frauen und ohne jede Politik. Sein Regisseur Richard Eichberg war Jude und lebte in einem anderen Land.

Auch dieser *Tiger von Eschnapur* war wunderbar, aber ich kam nicht dazu, es Florath und Söhnker zu sagen, denn die Bar im hellen Raum war mit einer Bande von Beleuchtern voll besetzt.

Ich fand meine beiden Gönner in einer stillen Ecke. Ich nahm mir einen Stuhl und wartete, dass einer der beiden etwas sagte.

Ein Kellner kam an unseren Tisch und schenkte Frankenwein in die leeren Gläser. Hinter ihm war ein Fresko an die lange Wand gemalt. Es zeigte Filmkameras und Scheinwerfer mit einem Spruch darunter, eine Art Motto, nahm ich an: *Suum cuique.*

Söhnker fragte: »Weißt du, was das heißt?«

Ich sagte: »Jedem das Seine.«

Florath sagte, in meinem Alter hätte er das nicht gewusst.

Der Kellner stellte die Flasche in den Weinkühler zurück und sah mich dabei fragend an.

»Nichts«, sagte ich. »Danke. Wunschlos glücklich.«

Ich fand auf einmal alles komisch.

»Was gibt's zu lachen?«, wollte Söhnker wissen.

Ich wartete, bis der Kellner den Tisch verlassen hatte. Dann meinte ich: »Weil wir vor dem Kellner selbst auf Lateinisch leise sprechen.«

Wir sagten lange nichts. Es war meine Hoffnung, dass die Beleuchter ihren Bierabend beendeten. Aber sie taten es nicht.

»Zeit, nach Hause zu gehen«, sagte der Mann, den seine Freunde Hanne nannten. Und Frauen Hänschen. Albert Florath stand unverzüglich auf. Ich dachte, dass Hanne Söhnker in der Gruppe Filmvorführer – Florath – Weidenmann der Herrscher aller Reußen war.

AN EIN PAAR ABENDEN GAB ES KEINEN FILM. Florath hatte tagsüber nicht zu drehen. Und abends spielte er Theater. Hanne war mit einer schönen Frau ans Meer gefahren. Zum Strand von Heringsdorf. Ich habe ihn vermisst. Doch eines Tages war er wieder da. Stand bei Drehschluss wartend am Ausgang der Halle, in der wir *Junge Adler* drehten.

In der Kantine war es wieder laut. Also nahm er mich in seine Garderobe mit. Ich fand den Raum recht groß. Und gemütlich eingerichtet. Als Herr Söhnker mir ein Glas Wein anbot, hab ich es getrunken. Und mich gefreut. Weil mir nicht schlecht geworden ist.

Ich habe Sonthofen ins Gespräch gebracht. Die Bibliothek. Shakespeare. Das hat er aufgegriffen. Sich mitten in den Raum gestellt, den Kopf zur Seite gelegt und mir eine Szene vorgespielt.

»*If you prick us*«, sagte er mit einer ungeheuren Kraft in der Stimme. »*If you prick us, do we not bleed?*

If you tickle us, do we not laugh?

If you poison us, do we not die?

And if you wrong us, shall we not revenge?«

Ich fragte ihn, was das war.

»Shakespeare. Erkennst du's nicht?«

»Nein. Shakespeare auf Englisch zu lesen, schaffe ich noch nicht.«

»Das war Shylock.«

»Shylock?«

»Ja. Der Kaufmann von Venedig.«

»Den habe ich noch nicht gelesen.«

»Was verständlich ist. Du bist noch jung. Und der alte Barde hat sehr viel geschrieben.« Er dachte nach. »Also gut«, sagte er dann. »Machen wir in unserer Sprache weiter.«

Ich sah, wie er seinen Kopf in den Nacken legte. Wie er begann, im Kreis herumzugehen. Er sucht jetzt wohl nach Shakespeares deutschem Text, dachte ich. Als er den gefunden hatte, blieb er stehen und spielte die Szene weiter. Aber auf Deutsch: »Ich bin ein Jude. Hat nicht ein Jude Augen? Hat nicht ein Jude Hände, Gliedmaßen, Werkzeuge, Sinne, Neigungen, Leidenschaften? Mit derselben Speise genährt, mit denselben Waffen verletzt, denselben Krankheiten unterworfen, mit denselben Mitteln geheilt.«

Ich stand wie erstarrt da. Bis heute erinnere ich das. Weiß es ganz genau. Weil ich zu verstehen glaubte, dass er mich zwang, mir anzuhören, was ich nicht hatte hören wollen.

»Wenn ihr uns stecht, bluten wir nicht?« So ging es weiter.

»Wenn ihr uns kitzelt, lachen wir nicht?

Wenn ihr uns vergiftet, sterben wir dann nicht?«

Es fiel mir schwer zu atmen. Weil ich zu verstehen begann, was er mich lehren wollte.

Ich war beschämt. Musste fort von seinem Blick. Musste weit, weit fort aus diesen Augen.

Langsam ging ich durch die Tür.

Habe nicht zu ihm zurückgesehen.

DANN WAR DA DER FUSSWEG
Bahnhof.
S-Bahn.
Friedrichstraße.
Luftschutzbunker.
Brennendes Berlin.
Und meine Ahnung, dass ich mich am Beginn einer wunderbaren Freundschaft fand.

ICH SAH HERRN SÖHNKER schon früh am nächsten Morgen wieder. Auf dem Weg zur Arbeit war ich an Film-

Hans Söhnker, Ufa-Star, Mann des Untergrunds, hat den Mut gehabt, einem Adolf-Hitler-Schüler nachzuweisen, dass sein Halbgott ein Verbrecher ist.

hallen entlanggegangen, und er stand umringt von einer Menschengruppe vor einem Haus der Schneideräume. Als er mich sah, kam er mir mit Erwartung in den Augen entgegen. Ich blieb nahe vor ihm stehen.

»Das war schwer für mich«, sagte ich. »Gestern Abend. Ich meine, was ich da gehört habe, ist mir neu gewesen. Die meiste Zeit der Nacht hab' ich dann noch damit zugebracht. Weil … Es gab ja über vieles nachzudenken.« Ich hielt ihm meine Hand entgegen. »Danke! Und wenn's geht, möchte ich noch mehr von Ihnen lernen.«

Er nahm die Hand. Ich sah das als sein Einverständnis an. Dann mussten wir uns trennen. Er ging zur Arbeit in die große Halle, ich in eine kleinere nebenan.

BEIM MITTAGESSEN TRAFEN WIR UNS BEREITS WIEDER. In der Kantine. Da war kein Stuhl mehr frei. Die Ufa-Leute waren laut. Und fröhlich. Allesamt. Hauptsächlich aber laut. Ein Umstand, den wir beide sehr begrüßten. Denn wenn wir nahe aneinanderrückten, gab es wohl keinen, der verstehen konnte, was wir uns zu sagen hatten. Und wir rückten nahe aneinander.

Es war der Krieg, über den Hanne Söhnker mit mir reden wollte. »Weil dieser Krieg verloren geht«, hat er über den Lärm hinweg zu mir gesagt. »Das steht fest. Nur wann, das wissen wir noch nicht. Wenn der Tag aber kommt, an dem Hitlers Verbrechen mit einer bedingungslosen Kapitulation geahndet werden, kann es keine Freude für uns, die wir so denken, geben. Denn dieser Krieg hat Millionen und Abermillionen Menschen den Tod gebracht. Und das weltweit. Durch deutsche Schuld. Wie viele Millionen es am Ende sind, werden wir erst Jahre später wissen. Sicher aber ist, dass unsere Nachbarn, die wir ins Unglück gestürzt haben, uns das vor Augen halten werden. In dem Frieden, der dann kommt, werde ich beispielsweise niemals mehr in die Provence reisen können, in diese Landschaft, die ich so sehr liebe, zu Menschen, die mir ans Herz gewachsen sind. Selbst du, mein Kleiner, wirst am Ende dieses Krieges bei unseren Nachbarn nicht willkommen sein, so unschuldig du auch bist.«

Er machte eine Pause und sah von einem zum anderen an den Tischen, bevor er weitersprach.

»Wichtig für uns aber ist – für dich und mich – dass wir schuldlos *bleiben*. Deshalb habe ich mit dir über den Krieg sprechen wollen, bevor ich dir – in den nächsten Wochen – den Kopf mit Sorgen füllen muss.«

Zu dem hier von mir Notierten muss ich aber sagen, dass dieser Hanne Söhnker nicht nur ein Verbreiter großer Sorge war. Ganz im Gegenteil. Es lachte sich gut mit ihm. Auch bei diesem Mittagessen war es so. Nach seinem langen, ernsten Monolog hat er Ulkiges erzählt. Und dies fing damit an, dass er sagte: »Der kleine Hinkefuß Goebbels, Minister für Propaganda von seines Führers Gnaden, kennt offensichtlich keine Scham. Er hat sich nämlich trotz unzähliger Schlachten, die an allen Fronten verloren gegangen sind, für Hitler einen neuen Titel ausgedacht. *Größter Feldherr aller Zeiten!* Du hältst es nicht für möglich! Denk nur mal an Stalingrad. Die ganze 6. Armee hat Hitler da geopfert – Zigtausende unserer Soldaten sind gefallen. Wer überleben konnte, hat vor den Sowjets kapituliert. Vom Feldmarschall bis zum letzten Soldaten. Kapituliert! Du erinnerst dich? 1943 ist das gewesen. Am 31. Januar, ganz genau gesagt. Der Rest einer ganzen Armee ist jetzt – auf Jahre hinaus – hinter Stacheldraht. In Sibirien! *Größter Feldherr aller Zeiten*!«

Er lachte. Das Lachen klang verächtlich. »Aber … wie das im Leben manches Mal so geht«, kam er mit einem neuen Gedanken an, »folgt auf Tragödie unverhofft etwas, das zur Tragödie keinesfalls gehört. Auch für diesen Goebbels ist das so gekommen. Das Leben hat sich nämlich was erlaubt, womit er nicht gerechnet hat. Und nun, mein Kleiner, rate mal, was das wohl ist.«

»Weiß nicht.« Ich hob die Schultern. »Also was?«

»Das Volk.«

»Das Volk?«

Er nickte. »Das Volk! Es hat den Titel, den Goebbels seinem geliebten Führer gegeben hat, ganz einfach abgekürzt. Genauer gesagt, einige aus dem Volk haben es getan. Die Abkürzung habe ich mit großer Freude gehört. Willst du wissen, wie der neue Name für Adolf Hitler lautet?«

»Wie?«, habe ich gefragt, und Söhnker hat den Namen laut gesagt: »Gröfaz!« Er hat geprustet. Und den neuen Namen noch einmal herausgelacht: »Gröfaz!«

Ein paar Leute an Tischen in der Nachbarshaft haben zu uns herübergesehen. Aber das Wort in Söhnkers Prusten hat keiner so recht gehört. Jedenfalls war das meine Hoffnung.

AM ENDE DER MITTAGSPAUSE ging ich zu den anderen Jungs in die kleine Halle rüber. Wir drehten eine Szene, in der Dietmar Schönherr richtig gut gewesen war. Ich stand nur am Rand des Bildes rum.

Nach Drehschluss gab es wieder einen Film zu sehen. Der Korridor auf dem Weg zum Vorführraum war voller Menschen. Ich wartete, bis alle raus und im Freien waren. Meine Abende in *Projektion 3* mussten mein Geheimnis bleiben. Bereits beim Öffnen der Tür zum roten Raum sah ich in dem kleinen Fenster zwei Männerhände winken. Ich habe zurückgewinkt und mich gefreut.

DER FILM AN JENEM ABEND WAR *METROPOLIS*. Er hat mich unsicher gemacht. So recht verstanden nämlich, ich muss das eingestehen, habe ich ihn nicht.

Viele Jahre danach, als ich erwachsen war, habe ich mir *Metropolis* erneut angesehen. Es ist verständlich, dass dieser Stummfilm mit Musik, gespielt von einem Orchester, im Jahr 1927 eine Neuerung bedeutete und so für Aufregung sorgte. Sechzig Jahre später war er … wie soll ich sagen … alt geworden.

IM ANSCHLUSS AN DIE VORFÜHRUNG von *Metropolis* setzte Hanne Söhnker abermals in seiner Garderobe das Bemühen fort, mich jemand werden zu lassen, der sich bis zum Ende dieses Krieges niemals schuldig macht.

Es fing damit an, dass er sagte: »Diesmal habe ich dir ausnahmsweise keinen Film von einem jüdischen Regisseur vorführen lassen. Der Regisseur von *Metropolis* ist kein Jude. Er ist Nazigegner. Sein Name ist Fritz Lang.«

»Nazigegner?« Das Wort hatte ich noch nie gehört.

»Ja. So jemand wie ich. Du wirst dich daran gewöhnen müssen.«

Dann ging es weiter mit Gedanken, von denen er sagte, dass sie seiner Zuneigung zu mir entstammten. »Je länger dieser Krieg dauert, desto mehr Deutsche gibt es, die mit Hitler unzufrieden sind. Das hat viele Gründe. Zum einen leben die Menschen immer mehr in Angst. Wegen der Luftangriffe jeden Abend. Punkt halb acht. Die Briten sind aus unserem Luftraum nicht mehr fernzuhalten. Gleiches trifft auf die Amerikaner zu. In fast allen Familien gibt es Zivilisten, die im Bombenhagel gestorben sind. Zum anderen gibt es im fünften Jahr des Krieges aus dem Radio kaum mehr Sondermeldungen, die von deutschen Siegen sprechen. Und es gibt bei uns Menschen, die sich nach Frieden sehnen. Wer aber zu seinem Nachbarn davon spricht, verschwindet in den Kellern der Gestapo. Das alles habe ich dir sagen müssen. Denk darüber nach.«

NUN WIRD ES KAUM ÜBERRASCHEN, wenn ich an dieser Stelle niederschreibe, dass es mir schwergefallen ist, bei solchen Worten von Söhnker nicht enttäuscht zu sein. Anderereits jedoch scheint es mir nicht nötig, immer wieder auf den Gemütszustand eines Knaben im Umbruch hinzuweisen.

IM GESPRÄCH ÜBER *METROPOLIS* in jener Nacht ist es spät geworden. Von Fritz Lang hat Söhnker mir erzählt, dass der schon früh nach London geflohen ist. Und dann weiter nach Hollywood. In seinen Interviews bei der Londoner BBC und auch bei kalifornischen Radiosendern griff er in ungewöhnlicher Schärfe Hitler und seine Bande an. In seinem Hass auf Hitler, Göring, Goebbels und wie sie alle heißen, wurde er nur noch von Marlene Dietrich übertroffen. An die, so glaubte Hanne Söhnker, trauten sich die Nazis nicht heran.

»Jedwede Aktion gegen eine deutsche Schauspielerin in Hollywood«, so vermutete er laut in jener Nacht, »würde dem deutschen Reichskanzler nur Negatives in den Medien bringen, und das weltweit. Bei Fritz Lang ist das etwas anderes. Die Schergen der Gestapo müssen jedes Mal Schaum vor dem Mund haben, wenn sie seine wütenden Wahrheiten in den alliierten Sendern hören. Also werden die alles tun, damit er ihnen in die Netze geht und sie ihm im KZ den Garaus machen können.«

»Was ist ein KZ?«, wollte ich von Söhnker wissen.

Die Antwort war: »Ein Gefängnis für politische Gefangene. Hitler sperrt dort seine Gegner ein. Wen er da sonst noch gefangen hält, sind Juden.«

Das war alles, was Söhnker zu mir, seinem halbwüchsigen Schützling, in der denkwürdigen Nacht damals sagte.

Zu mehr war er nicht bereit.

Noch nicht bereit.

AN EINEM TAG MAL WAREN WIR BEIDE DREHFREI, was in all den Monaten nicht oft vorgekommen ist. Wir haben Fahrräder besorgt und sind aufs Land hinausgefahren.

»Allgemeine Richtung Nord-Nord-West«, war Hanne Söhnkers Vorschlag. »Zu einem See, in dem es Forellen gibt.«

»Früher, da gab es in meinem Leben mal ein Auto«, hat er unterwegs erzählt. »Einen Mercedes. Marke SSK. Zweisitzer. Mit Kompressor. Wunderschön! Die Nazis haben ihn mir weggenommen. Vielleicht kutschiert jetzt ein SS-General in Frankreich damit rum.«

Später hat er den Gedanken fortgesetzt: »Die Wagen aller Schauspieler sind weggenommen worden. Geld hat es dafür nicht gegeben. *Beschlagnahmt* war das Wort, das die Diebe nutzten. Für den Krieg. Für den *Endsieg.*« Er lachte. Es klang bitter.

Wir kamen zu dem See, als es fast Mittag war. Ein Stück weiter, unten am Ufer, stand ein Gasthaus. Wir radelten hin. Die Besitzer begrüßten »unseren Hanne«, wie sie sagten, mit Begeisterung. Sie liehen uns zwei Ruten aus. Und alles, was man sonst zum Angeln braucht.

Wie gesagt, in dem See gab es Forellen. Ich hatte noch nie eine Rute in der Hand gehabt. Mein berühmter Freund jedoch fing in null Komma nix den ersten Fisch. Es war ein Tag mit blauem Himmel. Ich döste in der Sonne vor mich hin.

Söhnker sagte: »Es gibt in meinem Leben etwas, das ich immer haben wollte, jedoch niemals bekommen habe«.

»Und was ist das?«, fragte ich ihn.

»Ein Sohn.«, war die Antwort. Er grinste zu mir herüber. »Wenn alles gut geht, habe ich jetzt einen.«

Ich lag auf dem Rücken ausgestreckt und sah in den Himmel hoch. Sicher hätte ich was sagen sollen. Doch ich hatte keine Ahnung, was.

Den zweiten Fisch hatte er schon bald am Haken. Er warf ihn in den Wassereimer, und wir trugen die Ausbeute des

Vormittags zu seinen Freunden hin. Die älteste unter den Frauen machte sich ans Kochen für unser Mittagsmahl. Wir tranken inzwischen ein Glas Frankenwein auf dem Landungssteg.

Die Forellen gab es gebraten. Die Fische sahen hell und lecker aus. Und schmeckten wunderbar. Ich sagte das dem Mann, der sie geangelt hatte. Und fügte hinzu: »Dies ist der erste Fisch in meinem Leben.«

Söhnker sah mich an, als ob er nicht recht verstanden hätte. »Ist wahr?«

Ich nickte. »Es liegt daran, dass meine Mutter Fisch nicht mag. Hat noch nie einen gegessen. Also kommt in Biesdorf Fisch nie auf den Tisch.«

»Erstaunlich!« Söhnker lachte. Er tat das mit einem glücklichen Gesicht. Und einem vollen Mund. »In Sonthofen? Auch kein Fisch?«

»Einmal gab es Matjes. Ich hab nur den Kartoffelsalat gegessen. Den Hering fand ich sauer.«

Vom Tisch neben uns kam Lachen. Die Leute hatten mitgehört. Wir aßen auf und gingen runter zum Steg, wo wir allein waren.

Hanne Söhnker sagte, dass er mit mir über das Ermächtigungsgesetz zu reden hätte. »In deinem Sonthofen hast du sicherlich gelernt, dass dem Führer mit diesem Gesetz ein legales Mittel zur Verfügung stand, um das deutsche Volk aus der Versklavung des Versailler Vertrages zu befreien. Richtig?«

Ich nickte.

»Das war eine ungeheure Lüge«, sagte er. »Die Wahrheit sieht ganz anders aus. Und zwar so: Es geschah im Jahr 1933. Du bist erst viereinhalb Jahre gewesen. Die Wahrheit musst du nun von mir erfahren.

Hitler ist erst wenige Wochen im Kanzleramt gewesen, da hat er das Berliner Reichstagsgebäude niederbrennen lassen, um sich des Ermächtigungsgesetzes bedienen zu können. Das Parlament musste in einem Behelfsraum tagen. Hitler hat seine braunen SA-Männer und seine schwarzgekleideten SS-Leute hinbeordert und unter den Abgeordneten Angst verbreiten lassen. Die meisten konservativen Abgeordneten haben sich der Gewalt gefügt und dem Gesetz zugestimmt. Die Kommunisten durften schon gar nicht mehr mit abstimmen, viele von ihnen haben sich unverzüglich durch Flucht in Sicherheit gebracht. Die Sozialdemokraten stimmten gegen das Gesetz und landeten in Gefängnissen.

Die Wahrheit ist, dass dieses Gesetz den Verbrecher Hitler zum Diktator ermächtigte. Die Weimarer Republik war damit Vergangenheit geworden.«

DA STAND ICH ALSO NUN vor zwei Wahrheiten. Der von Sonthofen und der von Babelsberg. Ein Unterschied wie Tag und Nacht, habe ich mir gesagt und mir jene ins Gedächtnis zurückgeholt, die diese Wahrheiten verbreiten.

Auf der einen Seite sind da die Erzieher, dachte ich. Sie exerzieren. Brüllen. Strafen. Vor ihren Augen hast du Angst. Überleg mal, ob du Zuneigung empfindest. Nein, alles andere als das. Wie steht's mit dem Vertrauen? Ich glaube nicht, dass du das hast. Kannst du mit den Erziehern lachen? Also … nur ganz selten. Letzte Frage: Welches Wort kommt dir in den Kopf, wenn du an diesen Paike denkst? Wegrennen. Und das ganz schnell.

So viel dazu.

Nun zur anderen Seite: Hanne Söhnker. Wenn du an ihn denkst … Was empfindest du? Vertrauen. Zuneigung. Freundschaft. Ehrlichkeit. Wärme. Und in seinen Augen … was kannst du da lesen? Güte. Letzte Frage: Wie steht's mit dem Lachen? O Gott, ja, lachen! Am liebsten … mit ihm pausenlos.

Ich hatte mich entschieden. Was Eltern, Schule, Jungvolk, Ordensburg mir in vielen Jahren anerzogen hatten, fiel in den Wochen, die nun kamen, von mir ab. Hanne Söhnker sah mir dabei zu. In seinen Augen war zu lesen, dass er verstanden hatte. Zu Florath habe ich ihn sagen hören, »bete zum Himmel deiner Götter, Abbi, dass in Biesdorf – und später auf der Ordensburg – niemand etwas vom Umbruch dieses Knaben merkt«.

BEIM NIEDERSCHREIBEN DES NAMENS FLORATH fällt mir ein, dass ich nicht vergessen darf, einen Film zu erwähnen, der den alten Mimen von uns fort und nach München holte. Die Verantwortung für mein Wohlergehen lag von nun an bei Hans Söhnker, und als ich das erfuhr, habe ich mir das Weiterreichen der Verantwortung wie einen Stafettenlauf vorgestellt. Wie 1936. Bei den Olympischen Spielen. Erst gibt das Schicksal den Stab einem Läufer namens Weidenmann. Der reicht ihn an Florath weiter. Dann bekommt Söhnker ihn. Und der läuft ins Ziel wie damals Jesse Owens. Der Gedanke macht mir Spaß. Großen Spaß. Ich hab' mir vorgenommen, Herrn Söhnker von meiner Begeisterung für Jesse Owens zu erzählen. Das habe ich auch getan. Er hörte es sich ganz still an. Und sagte dann: »Streich aus deinem Wortschatz den Begriff *Herr Söhnker*. Für dich ist mein Name Hans. Oder Hanne. Wie du willst.«

Ich habe ganz tief Luft holen müssen. So froh hat mich das gemacht. Und er hat es mir auch angesehen.

Mit einem Lächeln schreibe ich jetzt auf, dass an dem Tag sich auch sein Wortschatz geändert hat. Er nannte mich so gut wie nie mehr Eberhard. Wenn er zu anderen über mich gesprochen hat, nannte er mich »der Junge«. Hier ist ein Beispiel: Nach einem besonders schweren Luftangriff habe ich ihn sagen hören: »Gestern Nacht ist vom Bahnhof Friedrichstraße aus keine S-Bahn mehr nach Osten gefahren. Der Junge hat den Weg nach Hause zu Fuß gemacht.«

ES IST EIN WICHTIGER ABEND GEWESEN in meinem Leben, als Hans über Bergen-Belsen zu mir sprach. Und über Dachau. Aber es ist auch ein schwerer Tag für mich gewesen, wie sich ein jeder denken kann.

Es geschah mit sehr viel Zögern, dass er zu sprechen angefangen hat.

»Ich schulde dir die Antwort auf deine Frage ›Was ist das, ein KZ?‹«

Wir waren allein. In einem Wald. Am Fluss. Ohne andere Menschen um uns herum, wie ich schon sagte.

Gleich im ersten Satz fiel das Wort *Völkermord.*

Dann hörte ich mir an, wie er das Wort *Tod* aussprach. Tod von Juden. Millionenfach. Tod von »Zigeunern«, wie man damals die Sinti und Roma bezeichnete. Tod von Journalisten, Pfarrern, Wissenschaftlern, Ärzten, von Sozialdemokraten, Kommunisten. Mir stockte der Atem. Ich wusste nicht, was ich denken sollte.

Dann kam eine Schilderung, die mich gelähmt hat: »Gefangene in Dachau müssen ihre eigenen Exkremente essen.«

Ich sagte mir, tief in meinem Inneren, dass es so viel Schreckliches nicht geben kann!

Menschen tun das anderen Menschen an?

Und entschied mich für ein Nein.

Jedoch sagte ich mir als Nächstes, dass es kein anderer als Hanne war, der diesen furchtbaren Satz gesprochen hatte. Also musste das Undenkbare Wahrheit sein.

Doch es sollte schlimmer kommen. Ich hörte Hanne sagen: »Es geht das Gerücht um, dass es Lager mit fensterlosen Räumen gibt. Gefangene werden nackt in diese Räume getrieben. Männer, Frauen, Kinder, Greise. Alle nackt. Und wenn sie drin sind, reingepfercht in den Raum und die Tür zu, dann lassen SS-Wächter Gas reinströmen. Und zwar so lange, bis es da drinnen nur noch eine tote Menschenmasse gibt.«

Ich habe mir die Ohren zugehalten. Hanne hat es gesehen. Und deshalb das Fürchterliche abgeschlossen: »Das alles, mein Junge, ist Behauptung. Ist vielleicht nur ein schlimmes Gerücht. Keiner von uns will so recht glauben, dass Deutsche Derartiges mit Deutschen tun. Jedoch wissen wir es nicht. Ein aufrichtiger Mann, den ich gut kenne, ist dabei, die Wahrheit zu ergründen. Ich hoffe, dass er es überlebt.«

Auf dem Weg aus dem Wald zurück zwischen die Häuser unserer Stadt, hat Hanne davon gesprochen, dass er sich Sorgen mache, wie ich das alles verkraften würde. Aber belügen könnte er mich nicht.

In jener Nacht war ich zu aufgewühlt für den Weg zurück nach Hause. In einer solchen unendlichen Verwirrung konnte ich meinen Eltern nicht unter die Augen treten. Mein schmerzliches Alleinsein fand im Zimmer einer Pension am Babelsberger Bahnhof statt.

Der Schlaf kam erst zu mir, als es beinahe früher Morgen war.

KONZENTRATIONSLAGER

Die ab März 1933 von SA und SS eingerichteten »staatlichen Konzentrationslager« werden zum Synonym für Terror und Verfolgung im NS-Staat. Das KZ Dachau gilt als Prototyp der späteren Stammlager. Sieben Wachtürme, ein elektrischer Stacheldrahtzaun, ein Graben und eine »Sperrzone« umgeben das Gelände. Über dem Haupteingang steht die zynische Inschrift »Arbeit macht frei«. Im Nordwesten der Anlage ist der »Ausgang« zu den Gaskammern und Krematorien. Über den Gaskammern steht verharmlosend das Wort »Brausebad«. Nach Kriegsbeginn 1939 werden bis März 1944 neben den sieben bestehenden Hauptlagern im Deutschen Reich (Dachau, Sachsenhausen, Buchenwald, Flossenbürg, Mauthausen, Neuengamme, Ravensbrück) weitere Lager im besetzten Europa errichtet. Die genaue Anzahl der Toten durch Gewalt, Unterversorgung, Krankheit und Zwangsarbeit ist bis heute unklar. Man geht davon aus, dass der Großteil der sechs Millionen Juden, die dem Holocaust zum Opfer fielen, in Konzentrationslagern zu Tode kamen.

SEIT DEM TAG, an dem der Marschbefehl von Sonthofen nach Babelsberg in meiner Tasche war, hat das Schicksal mich ein deutsches Leben leben lassen, das mir Entscheidungen abverlangte, die voller Qual gewesen sind, und ich bin sicher, dass sich ein aufmerksamer Leser meiner Niederschrift spätestens bei der Weitergabe der Kenntnisse von Konzentrationslagern an einen Jungen, der auf einer Elite-Schule der Nazis erzogen wird, die Frage stellt, ob für Florath und Söhnker das eingegangene Risiko nicht enorm gewesen ist. War es nicht leichtsinnig, einem Knaben verbotene Filme zu zeigen? Dieser Halbwüchsige, der *das Eh-*

renkleid des Führers trug, wie er selber einmal sagte, hätte doch zur Gestapo laufen können! Was ganz ohne Frage das Todesurteil für zwei Berühmtheiten bedeutet hätte.

Nun, ich habe mir die Frage selbst gestellt, oft sogar, in den Jahren einer verbrecherischen Diktatur. Doch ich habe sie nicht laut ausgesprochen. Nicht, als ich fünfzehn oder sechzehn Jahre alt gewesen bin. Die Frage habe ich Söhnker erst gestellt, als der Krieg zu Ende war. *Correction!* Als der Krieg bereits lange Zeit zu Ende war.

ANFANG DER FÜNFZIGER JAHRE IST ES GESCHEHEN, als ich zu Söhnker davon sprach. Und die Frage, die war so: »Wie ist das gewesen, Hanne? Aus welchem Leichtsinn heraus hast du dir damals eingeredet, dass du mir vertrauen kannst?«

Wir saßen beim Abendessen im Göttinger Ratskeller beisammen, als ich ihn das fragte. Tagsüber hatten wir ein paar Szenen für den Film *Mein Freund, der Dieb* gedreht. Die Frau, die wir beide liebten, war Vera Molnar. Schön und begehrenswert.

»Nachher«, sagte Hanne, »als Digestiv, bestellen wir einen Rachenputzer. Feuerwasser. Eine Bande von Studenten der Göttinger Uni hat ihn so getauft. Er heißt *Strichbimborumbockforzulorum*. Gibt's nirgendwo sonst im Land.«

Ich sagte: »Du weichst mir aus.«

Er schob seinen Teller langsam ein Stück hin und her auf dem karierten Tischtuch.

»Ihr beide seid ein ganz schönes Stück Risiko eingegangen, Abbi und du.«

Ich habe Hanne nicht aus den Augen gelassen, weil ich eine Antwort wollte. Und sie bekam: »Wir sind kein Risiko mit dir eingegangen.«

»Glaubst du das im Ernst?«

»Sehr im Ernst.«

»Weiß nicht«, sagte ich. »Einem Jungen der Ordensburg habt ihr gesagt, dass sein geliebter Führer ein Verbrecher ist. Und wenn ich hinter euch hergestiefelt bin, auf dem Weg zum S-Bahnhof, im letzten Licht eines Sommertages, habt ihr laut genug gesprochen, um mich hören zu lassen, wie sehr ihr euch diesem österreichischen Barbaren verfeindet fühlt. Ich hätte euch der Gestapo ausliefern können.«

Er dachte nach. Es sah so aus, als würde er den Kopf schütteln wollen, tat es aber nicht. Und sprach weiter. »Abbi hatte dir seine Freundschaft angeboten und konnte sehen, wie froh du darüber gewesen bist. Der alte Fuchs hat dir Fangfragen gestellt, aber du bist darauf nicht reingefallen. Als er von seiner Scham zu dir gesprochen hat, *seiner Juden* wegen, wie er es nannte – und auch noch immer nennt – glaubte er, Mitleid in deinen Augen gesehen zu haben, fast so etwas wie den Beginn von Tränen.«

Nun erst schüttelte Hanne den Kopf. »Mehr als ein paar Wochen hat es nicht gedauert, da konnte er in dir lesen, als wärest du ein offenes Buch.«

Darüber habe ich lachen müssen: »Und was hat dringestanden in dem Buch?«

»Dass du einen Freund niemals verrätst.« Er nahm einen genießerischen Schluck aus seinem Rotweinglas, suchte offensichtlich nach dem nächsten Satz, bevor er sagte: »Du hast recht früh aufgehört, ein Risiko zu sein.«

»Wie das?«

»Denk an die verbotenen Filme. An die ersten drei. Deine Reaktionen darauf haben uns gesagt, dass du verstanden hast. Dass du im Begriff warst, Juden in einem anderen Licht als dem von Sonthofen zu sehen. Wir konnten also aufhören, dir weitere Filme zu zeigen. Die hätten nur die Fortsetzung der Gefahr bedeutet, für den Vorführer, für Abbi und für mich. Aber ebenso für dich.«

»Das ist wahr«, stimmte ich zu. »Ich hing da mit drin. Und habe das gewusst. Aber …«

»Aber?«

»Ich habe mehr hören wollen.«

»Und dieses *mehr* hast du auch von uns bekommen.«

Ich wollte, dass er weiterspricht. Und er sprach auch weiter: »Zu dem Zeitpunkt haben Abbi und ich dir angesehen, dass wir dir vertrauen können. Also haben wir uns gesagt, dass es unsere gottverdammte Pflicht ist, dich mit der Wahrheit zu konfrontieren, über Hitler und seine Verbrecherbande. Also haben wir dir von der Versklavung erzählt, die in unserem Land geschieht. Von dem Polizeistaat haben wir gesprochen, der aus unserem Land geworden ist. Du hast zugehört. Hast dich für das Nachdenken entschieden. Für dein Schweigen. Und so bist du, mein Junge, im Lauf der Zeit – ganz allmählich – einer von uns geworden. Einer, der Kurierfahrten macht. Nach Konstanz. In der Uniform eines Adolf-Hitler-Schülers. Einer, den die Kettenhunde der SS niemals kontrollieren. Einer, der in Konstanz zu einer bestimmten Straße geht, Frau Soundso aufspürt und zu der alten Dame sagt: ›Zweimal Sperrgut. Im Gepäckwagen. Dienstag früh, Nachtzug aus Berlin.‹«

Hanne kramte eine Schachtel Schokolade aus der Jackentasche, brach einen Riegel davon ab und gab ihn mir.

»Deine Uniform ist dein Schutz gewesen. Du hast das sofort verstanden. Schweigend hingenommen. Ich habe das von mir ungeliebte *Ehrenkleid des Führers* ausgenutzt. Mein Gewissen hat darunter arg gelitten. Und ich habe mir Vorwürfe gemacht, dass ich dich über den Grund der D-Zug-Fahrt zu der alten Dame nicht das Geringste habe wissen lassen.

Andererseits galt es zwischen Abbi und mir als ungeschriebenes Gesetz, dich so wenig wie möglich zu informieren. Was du nicht weißt, kannst du nicht verraten. Ein jeder von uns im Untergrund hat mit der Angst gelebt, eines Tages aufzufliegen. Verhaftet zu werden. Unter Folter Namen zu nennen. Geheimnisse zu verraten. Das Je-weniger-desto-besser-Prinzip hat auch für dich gegolten. Aus dem gleichen Grund habe ich dich auch niemals in mein Landhaus mitgenommen, zu den Flüchtlingen, die ich dort vor dem Zugriff der Polizei verborgen hielt. Allerdings habe ich nicht ahnen können, dass die alte Dame in Konstanz so stolz auf ihre christlich guten Taten war, dass sie dir alles anvertraute, was sie wusste. Und sie wusste viel.«

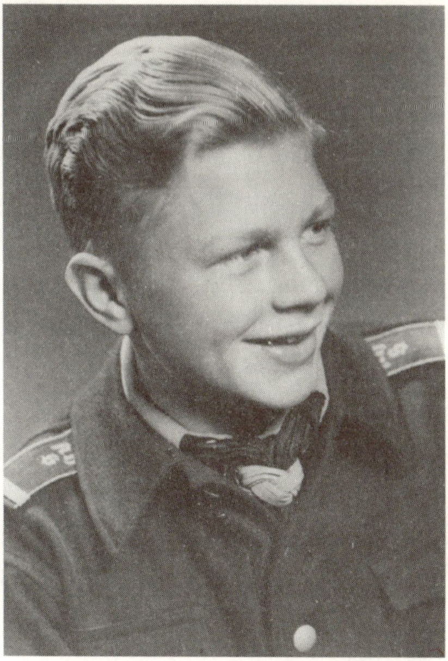

Zur Rettung jüdischer Mitbürger hat Hans Söhnker die Uniform eines Adolf-Hitler-Schülers gebraucht.

Er schüttelte den Kopf und stieß ein bitteres Lachen aus. Das klang, als würde er über seine Dummheit lachen. Dann sprach er weiter. »Den Schreck über die Plauderei der alten Dame werde ich nie vergessen. Bis an mein Lebensende nicht! Du kommst zurück von deiner Konstanz-Fahrt …«

Er brach ab. Ich wartete. Dann sah ich seiner Hand zu. Sah, wie sie auf den Tisch schlug. Flach und hart. Zwischen Glas und Teller. Beides sprang hoch.

»Da kommst du also zurück«, sprach er dann weiter, »stehst vor mir und sagst ganz nonchalant: ›Ich weiß, was das für ein Sperrgut ist, Dienstag, aus dem Gepäckwagen abzuholen, vom Nachtzug aus Berlin. Juden sind das. Du gibst ihnen in deinem Landhaus Schutz. Und von da aus werden sie in die Schweiz geschmuggelt, von Leuten, die Abbi und der alten Dame nahestehen.‹«

Ich hörte, wie Hanne stöhnte. »Das war ein Schreck«, sagte er dann leise. »Wenn du nur wüsstest, lieber Junge … Bleischwer hat der in mir gesessen. Und für lange Zeit.«

Es ist dieser Schreck gewesen und die verstärke Furcht vor Haft, die Hannes Denken in den letzten Jahren der Hitler-Diktatur bestimmen sollten. Doch er hörte nicht auf, für die Verfolgten einen Weg in die Schweiz zu finden. Das allerdings nur ab und an. Im Winter '43 auf '44 richtete er sein Augenmerk auf unser Überleben. Er begann, einen Schutzwall aus Wachsamkeit um uns zu errichten. Listenreich und klug beim Finden neuer Wege für eine eventuelle Flucht sollten wir hinter seinen Mauern sicher sein.

Wovon ich an dieser Stelle rede, war der Schutz vor dem Tod am Boden. Vor dem Tod, der von den Amerikanern und Briten aus dem Himmel kam, hat es keinen Schutz für uns geben können.

TODESNÄHE DURCH EINE LUFTMINE, die den Weg zu uns Heiligabend 1943 fand. Starke Bomberverbände waren, pünktlich wie immer, in den schwarzen Abendhimmel über Berlin gekommen. Ausnahmsweise saß ich nicht im Bunker nahe dem Bahnhof Friedrichstraße, denn an Heiligabend wurde für *Junge Adler* nicht gedreht. Ich saß mit den anderen Bewohnern des großen Hauses mit Lokal und Kino in Biesdorfs Luftschutzkeller, der ein ausgeräumter Kohlenkeller war. Neben der Tür zur Treppe stand ein geschmückter Weihnachtsbaum. Auf Gartenstühlen lagen kleine Gaben. Im Volksempfänger hörten wir den Bericht, der über Drahtfunk aus einem Bunker des Luftschutz-Hauptquartiers zu uns kam.

Ja. Drahtfunk. Er ließ die verängstigten Berliner jeweils wissen, auf welchen Stadtteil in diesen Minuten Bomben abgeworfen wurden. Wenn irgendwann später die Meldung kam, die »Fliegenden Festungen« hätten den Luftraum von Berlin verlassen, brach in den Kellern stets wahrer Jubel aus. So auch in jener Weihnachtsnacht. Bevor die Sirenen diesmal Entwarnung heulen konnten, meldete sich der Mann vom Drahtfunk jedoch noch einmal mit der Ansage, eine Maschine hätte umgedreht, sei zurückgekommen und befinde sich jetzt über dem Osten von Berlin. Ich fragte mich, warum wohl umgedreht? Und hörte den Schrei der Bombe.

Das war der Tod.

Der Schlag.

Die Detonation.

Das Bersten.

Das Beben.

Zerfetzte Luft.

Zerfetzte Ohren.

Ein zerfetztes Leben.

Mein zerfetztes Leben.

Das Ende der Welt.

Das Ende meiner Welt.

Da war ein Sog. Er nahm mir alle Kraft. Warf Staub in meine Lunge. Schleuderte mich in die Finsternis.

Als ich wieder zu mir kam, spürte ich Schmerz in meinen Rippen. Sie mussten wohl gebrochen sein. Ich kannte das vom Boxen.

Dann war da Licht.

Herrliches Licht.

Hinter dem Licht stand Vater.

Ich richtete mich auf. »Vater … sind wir tot?«

»Nein …« Er musste husten. »Niemand hier im Keller ist tot.«

Der Schein von Vaters Lampe wollte einen Ausweg finden. Doch er kam nicht weit. Durch schwarze Luft kann Licht nicht scheinen.

Vater zog mich hoch. Der Schmerz in den Rippen malte mir Lichterkringel vor die Augen. In der Stille hörte ich eine Frau weinen. Sehen konnte ich niemanden in dem Keller. Ich tastete mich durch die Finsternis zur Luftschutzschleuse. Vater schien irgendwo vor mir zu sein. Im schwachen Lichtschein seiner Lampe sah ich Trümmer. Ich hörte, dass er etwas sagen wollte. Aber das gelang ihm nicht. Er hatte zu viel Staub geschluckt. Ich legte mein Ohr an seinen Mund.

»Wir sind verschüttet«, hörte ich sein Flüstern. »Über uns müssen Trümmer liegen. Ich vermute, dass die brennen. Fass an die Betondecke. Du kannst die Hitze spüren.

Bald wird es auch hier unten heiß. Und unser Sauerstoff geht dann zu Ende.« Er hustete. »Ich habe die Ausstiege untersucht. Auf jedem liegt Schutt. Nur auf einem nicht. Dem gleich hinter dir.«

Seine Lampe leuchtete den Ausstieg hoch. Ich sah schwarzen Staub in ihrem Kegel wirbeln.

»Von oben her kommt Luft zu uns«, sagte Vater und musste wieder husten.

Ich gab ihm recht: »Ohne Luft kann Staub nicht wirbeln.«

Vater machte den Versuch, über den Schutt nach oben zu gelangen. Aber seine Schultern waren dafür zu breit. Also hob er mich in den Schacht hinein. Meine Hände fanden ein Eisengitter. Ich krümmte mich zusammen. Der Schmerz war wieder da. Wie Messer in den Rippen. Ich wurde ohnmächtig. Ein zweites Mal.

Als ich wieder zu mir kam, spürte ich kalte Luft auf dem Gesicht. Ich wollte hoch zu dieser Luft. Meine Hände räumten Schutt beiseite. Mit dem Kopf stieß ich an ein Eisengitter. Ziegelsteine lagen oben drauf. Über den Trümmern konnte ich einen feuerroten Himmel sehen.

»Das ist unsere Rettung«, stöhnte Vater. »An den Seiten der Eisengitter gibt es Scharniere. Zieh daran, und sie gehen auf.«

Aber sie taten nichts dergleichen. Vater reichte mir einen Hammer hoch. »Schlag sie auf.«

Ich schlug die Riegel aus den Scharnieren und wollte das Gitter nach oben stemmen, aber der Schmerz um meine Lunge herum ließ das nicht zu. »Auf dem Gitter liegt zu viel Schutt«, sagte ich, und Vater meinte, er würde eine Eisenstange holen, um die schwersten Brocken wegzustemmen.

Er brachte die Stange. Wir stemmten und stemmten und stemmten, aber der Brocken ließ sich nicht bewegen. »Vater«, wollte ich schon sagen, »es geht nicht.« Aber dann fiel mir der Oberbeleuchter bei *Junge Adler* ein, und ich habe ihn wieder sagen hören: *Jeht nich' – jib's nich!*, und da hab' ich lachen müssen.

Von unten riefen sie, halb irre vor Angst: »Was gibt es jetzt in Gottes Namen denn zu lachen?« Und im gleichen Augenblick sah ich den Betonbrocken beiseiterollen.

Vor Schmerzen fluchend, drückte ich das Gitter hoch, räumte mit klammen Händen den Schutt beiseite und zog verzweifelte Menschen in die rauchvergraute Winterluft.

WIR HATTEN ALSO ÜBERLEBT, was ein Glücksumstand gewesen ist, an den ich viele Stunden lang nicht glauben konnte. Bevor ich nun erzähle, wie es mit dem Überleben weiterging, muss ich einen Zeitsprung machen. Dieser Sprung nach vorn in Zeit und Raum umspannt zweiundzwanzig Jahre, geht von jener Berliner Bombennacht nach Hollywood. Und warum das so ist, muss ich erst mal erklären.

Oftmals, wenn ich in den Luftschutzkellern auf Entwarnung hoffte, habe ich, verwirrt wie ich war, an die Männer da oben in ihren Kriegsmaschinen denken müssen, an die Briten, an die Amerikaner, und mir vorgestellt, wie das wohl wäre, wenn ich vielleicht den einen oder anderen von ihnen nach dem Krieg treffen würde.

Einmal in solcher Bombennacht saß Hanne neben mir im Keller, und da habe ich von meinem Traum mit den Männern da oben zu ihm gesprochen. Er hat sofort abgewinkt: »Fang bloß nicht an, dir das zu wünschen! Die Piloten da oben, die Ingenieure, Bordschützen, Funker, die hatten möglicherweise mal ein Leben in Glück und Frieden vor sich hin gelebt. Aus dem aber haben wir Deutsche sie herausgerissen. Fort von ihren Familien. Eltern. Liebsten. Keiner von denen wird dich im Frieden jemals treffen wollen. Und – sollte es geschehen – werden sie dir den Rücken kehren. Dich verfluchen.«

Nun, an dieser Stelle irrte mein Söhnker.

Einen von den Piloten, die uns Nacht für Nacht den Garaus hatten machen wollen – einen von denen habe ich getroffen. Und das im Frieden. Und er hat mich nicht verflucht.

Es geschah 1965, der Film hieß *The Flight Of The Phoenix*, und in dem hat Robert Aldrich, US-Regisseur der Spitzenklasse, mich einen deutschen Modellflugzeugbauer spielen lassen, dem es gelingt, aus den Trümmern eines in der Sahara bruchgelandeten Flugzeuges einen flugfähigen Apparat zu bauen, der alle Passagiere – einen bunt zusammengewürfelten Haufen ölbohrender Männer – zurück ins zivilisierte Leben fliegt.

Den Piloten der Unglücksmaschine hat Aldrich einen amerikanischen Filmstar spielen lassen, den der zwölfjährige Krüger, zwischen Projektoren stehend, durch das Fenster des Vorführers in einem Biesdorfer Kino auf der Leinwand hatte bewundern können. Von James Stewart ist die Rede.

Die gemeinsamen Wochen, das Ausarbeiten der Szenen, das Lachen mit ihm, die schönen Stunden am Abend – all das gehört zu den bedeutendsten Erlebnissen der Jahre meiner Filmarbeit. Mit dem Kapitel »Olympiade in Hollywood« habe ich ihm in meinem Buch *Szenen eines Clowns* ein Denkmal setzen wollen.

Als der Zweite Weltkrieg das Leben von uns allen in gefährliche Bahnen lenkte, war er in der ersten Reihe der Stars von Hollywood zu finden. Dessen ungeachtet hat er sein Schicksal zu dem seiner Nation gesellt: Am Tag der Kriegserklärung Hitlers an die USA ging er als Freiwilliger zu den Piloten der US Air Force. In den Jahren 1943 bis 1945 ist Oberst Stewart Bombenangriffe auf strategische Ziele der Nazis geflogen. Auch Kiel, Ludwigshafen und Berlin hat er bombardiert. Als ich ihm erzählt habe, wie das für mich gewesen ist, tief unter ihm und seiner Maschine, in Luftschutzkellern, Nacht für Nacht, hat er mich nur still angesehen.

»Damit's nie ein Missverständnis zwischen uns gibt, Jimmy«, habe ich ihm gesagt, »ich wusste, warum die Bomben auf uns fielen. Mit mir haben zwei Freunde das gewusst. Beides Schauspieler, so wie du und ich. Auch wenn es sicher schwer verständlich für dich ist, aber wir drei waren auf eurer Seite.«

Er lächelte. Über Bomben haben wir uns niemals wieder etwas sagen müssen.

AM ENDE DES ZEITSPRUNGS, der mich zu Jimmy Stewart, zu *Der Flug des Phoenix* und zu ein wenig Zeit in Hollywood führte, zwingt die Erzählung mich nun zurück nach Berlin. Dort ist den Eltern nach der Zerstörung des großen Hauses ein kleines zugewiesen worden, Ilse war zur Organisation Todt, einer nach ihrem Anführer Fritz Todt benannten Bautruppe befohlen worden, und ich hatte mich in einer Pension gleich neben den Ufa-Studios einquartiert. Der Film *Junge Adler* war so gut wie abgedreht, aber Alfred Weidenmann hatte bei der Schulleitung noch zwei Wochen Verlängerung des Sonderurlaubs erreicht.

Es war in jenen Tagen, dass Hanne Söhnker auf General Eisenhower zu sprechen kam, den Oberkommandierenden der alliierten Truppen. Er berichtete mir fast täglich über Frachter, die voll beladen mit Kriegsmaterial aus den USA in britischen Häfen anlegten. Seine Meldungen standen im Kontrast zu den Wehrmachtsberichten, wie sie aus deutschen Radios kamen. Er schilderte stets bis ins kleinste Detail, und ich habe mich nach seiner Quelle fragen müssen. Nun habe ich aber nicht nur mich gefragt. Ich habe die Quelle auch von ihm erfahren wollen. Seine Antwort hörte sich an wie *Biebiessie*. Als ich fragend die Schultern hob, sagte er: »*British Broadcasting Corporation*. Die hat ihren Sitz in London. Sendet auf ganz normalen Frequenzen. Die Programme sind wunderbar. Richten sich gegen die Nazis.

Informieren deutsche Hörer. Verbreiten Berichte über jede Schlacht. Und tun das auf Deutsch. In einer Sachlichkeit, die mich an Wahrheit denken lässt.

Ich erzähle dir mal kurz, wie das abläuft bei denen. Also: Die Sendung beginnt mit Trommelschlägen. Vier an der Zahl. Du kennst die Melodie. Beethoven. Beginn der Fünften.«

Er sang mir die Trommelschläge vor, »Bam Bam Bam Baaaam …« und steigerte sich richtig rein in den Bericht: »Und gleich danach, verstehst du … kommt dann noch zweimal die Trommel. Bam Bam Bam Baaam … Und anschließend die Ansage. Von einem Mann gesprochen. In fehlerfreiem Deutsch. Hochdeutsch – ohne Akzent!«

Das war neu für mich. »Wo hast du denn das Radio dafür stehen? Bei dir zu Hause?«

»Frag mich das nicht. Keiner darf es erfahren.«

»Was bedeutet, dass du mich auch niemals mitnimmst, wenn du London hörst?«

»So ist es.«

»Kein einziges Mal?«

Er schüttelte den Kopf. »Auf das Abhören von sogenannten Feindsendern steht die Todesstrafe.«

»Die steht dann aber auch für dich!«

»Mach dir keine Sorgen, mein Junge. An dem Platz, wo ich mir meine Infos hole, kann mich keiner sehen. Auch nicht hören.«

»Garantiert?«

»Verlass dich drauf.«

Ich war ein wenig alarmiert. Wollte mehr wissen über diese Sendungen. Und bekam auch mehr zu hören.

»Nach der Trommel kommt die Kennung«, sagte er. »Und zwar so: ›Hier ist England, hier ist England, hier ist England …‹.«

Ich konnte sehen, wie viel Spaß es ihm machte, mir das vorzuspielen.

»Als Nächstes werden die Nachrichten verlesen. Heute zum Beispiel hat der Sprecher gesagt, dass amerikanische Jagdflugzeuge über den Pol hinweg nach Großbritannien geflogen sind.« Er schlug mir vergnügt auf die Schulter.

VORBEREITUNGEN AUF DEN D-DAY

Im Mai 1943 einigen sich Churchill und Roosevelt auf eine Invasion in Frankreich für das Frühjahr 1944. Die Alliierten nutzen das Jahr, um riesige Truppenkontingente von den USA und Kanada nach Großbritannien zu überführen und Kriegsmaterial unter dem Oberbefehl von Dwight D. Eisenhower zusammenzuziehen. Im Juni 1944 warten mehr als drei Millionen Soldaten an der südenglischen Küste auf den Einsatzbefehl. 5000 Schiffe, 7000 Kampf- und 2000 Transportflugzeuge stehen bereit.

AM ENDE DER DREHZEIT VON *JUNGE ADLER* hing über mir das Schwert des Damokles: Die Schulleitung forderte meine Rückkehr auf die Ordensburg. Der Gedanke ließ mich schaudern. Tief in mir hatte es Veränderungen gegeben. Ich hatte meine Identität als Hitlers Sohn endgültig abgelegt. Zu meinem Glück gab es Professor Liebeneiner und seine Schauspielschule. Doch Hanne Söhnker hat davon nichts wissen wollen: »Sieh mal, mein Junge«, sagte er, »die Sache ist so: Doktor Goebbels ist misstrauisch geworden. Dem Volk gegenüber, und hier, bei seiner Ufa, wittert er Unrat. Dir sind sicher die jungen Regisseure aufgefallen, die es hier mit einem Male gibt. Oder etwa nicht?«

»Doch«, habe ich gesagt, »aber was ist mit denen?«

»Kein Talent. Nicht das geringste. Aber große Ohren.«

»Schnüffeln überall herum«, hat Abbi vor sich hin genickt, und Hanne sagte etwas, das ich nicht habe hören wollen: »Wenn du nicht zurückgehst auf die Ordensburg, wird es hochgezogene Augenbrauen geben. Welche Schikanen, welche Erpressungsmittel sich das Propagandaministerium dann einfallen lassen wird, das weiß nur der liebe Gott allein.«

»Wir kommen unter die große Lupe«, meinte Abbi, »wir vom *Junge Adler*-Film besonders. Das ist es, was Hanne sagen will.«

»Andererseits«, gab der zu bedenken, »wird man es als Treue zum Führer auslegen, wenn du den Weg zurückfindest hinter die Mauern deines Naziklosters, lieber Junge. Vertraue uns, die wir mit der Gefahr umzugehen wissen.« Es war Abbi, der das forderte, und dann war es wieder einmal Hanne, der wusste, was zu tun war: »Geh zurück.«

Seine Augen sahen traurig aus.

Ich ging zurück.

SIE GABEN MIR NACHHILFESTUNDEN in Mathe, Politik, Kriegsgeschichte, Literatur und anderen Fächern, in denen ich Wissenswertes versäumt hatte. Das geschah immer in den Stunden, in denen die anderen Schüler Sportunterricht hatten.

Einer der Erzieher, bei dem ich büffeln musste, war Paike Petersen. Er schien mir misstrauischer als andere, stellte Fallen, doch ich tappte nicht hinein.

Sie ließen mich auch wieder fliegen. In Krumbach. Mit dem alten SG 38. Das waren die einzigen schönen Stunden.

Aber es war Gefahr im Verzug. Das Risiko lag in dem Doppelleben, das ich führen musste. Im Grunde war das für mich nicht neu. Über Monate hatte ich tagsüber in der Welt des Films und der Wahrheiten des Hanne Söhnker gelebt. Am Abend, während der einen Stunde S-Bahn-Fahrt, musste ich das Wissen um diese Welt aus meinem Kopf entfernen. Dann, in Biesdorf, hatte ich mich von der nationalsozialistischen Welt meiner Eltern umarmen zu lassen und dabei Obacht zu geben, dass mein Doppelleben nicht erkennbar wurde. Die Spannung solcher Wachsamkeit währte stets nur die paar Stunden vor dem Schlafengehen. Was zu durchleben blieb, war der siebte Tag der Woche, und den verbrachte ich so gut wie immer in Harmonie mit dem einen – oder dem anderen – meiner beiden Freunde, die ja auch ein Doppelleben führten.

So viel über mein Dasein in Berlin. Jenes von Sonthofen jedoch sah anders aus. Es währte sechzehn Stunden am Tag, acht Stunden Schlaf, und das sieben Tage in der Woche.

Die erste Zeit auf der Burg war schwer. Dann habe ich mir vorgenommen, aus der Babelsberger Wahrheit mein Geheimnis zu machen und es ganz tief in meinem Inneren zu vergraben.

Als ich merkte, dass mir das gelungen war, sagte ich mir, du bist doch Schauspieler geworden. Setz das im Leben fort. Mach das aus dir, was die Erzieher sehen wollen. Zeige ihnen den Eberhard, den sie sich wünschen.

MEINE NEUE ROLLE als ein Schüler, der gut informiert ist über das Kriegsgeschehen, ist mir regelrecht in den Schoß gefallen. Der Anlass war eine Klassenarbeit zum Thema *Die Pläne Albions*. Ich hatte darin geschrieben, dass wir im Politikunterricht gelernt haben, die Amerikaner hätten, falls sie denn eine Invasion wagen sollten, die Rechnung ohne den Atlantikwall gemacht. Ich schrieb, die Zuversicht des Reichsministers für Propaganda, Dr. Goebbels, sei mir noch klar im Ohr, als er in einer Rede zum Volk im Berliner Sportpalast gesagt hatte, unsere Feinde sollten sich nicht einbilden, eine Invasion sei die selbstverständlichste Sache der Welt. »Nichts dergleichen!«, so ungefähr hat er durch den Saal gerufen. »Die Briten und die Amerikaner werden eine blutige Zeche bezahlen müssen, denn unsere Wehrmacht steht zum Empfang bereit.« In der ersten Juniwoche muss das wohl gewesen sein, und bei einer anderen Rede soll Dr. Goebbels die Feindesseite veralbert haben, denn diese hätte geglaubt, uns durch immer neu erfundene Nachrichten, über Kurzwelle gesendet, nervös gemacht zu haben.

»Wenn ich mich hier im Saal so umsehe«, sagte er, »dann habe ich nicht den Eindruck, dass die Deutschen so wahnsinnig nervös sind.« Das Gelächter im Saal soll groß gewesen sein, und ich habe das auch geschrieben.

Ich erinnere mich, dass Paike Petersen diese Klassenarbeit von mir als lobenswert hervorgehoben hat.

DIE LANDUNG IN DER NORMANDIE
In der Nacht zum 6. Juni 1944 findet unter dem Decknamen »Operation Overlord« die Landung der Westalliierten in der Normandie statt. 1200 Kriegsschiffe, 7500 Flugzeuge, mehr als 3000 Landungsboote und 150 000 Soldaten sind beteiligt. Die Deutschen rechnen weiter nördlich bei Calais mit der Landung, dort ist der Großteil ihrer Divisionen stationiert. Sie leisten erbitterte Gegenwehr. Die Verluste der Alliierten sind beträchtlich. Die Schlacht zieht sich wochenlang hin und endet am 25. August mit der Einnahme von Paris. Der D-Day läutet das Ende der NS-Schreckensherrschaft in Europa ein. Am 11. September 1944 betritt ein US-Spähtrupp nördlich von Trier erstmals deutsches Reichsgebiet.

AM MORGEN NACH DER INVASION IN DER NORMANDIE hatten die Schüler aller Adolf-Hitler-Schulen in Reih und Glied auf dem großen Platz der Ordensburg anzutreten. Fanfaren eröffneten die Verlesung einer Sondermeldung der Reichsregierung. Selbige war, so hieß es, erst spät am gestrigen Abend, also nach unserem Zapfenstreich, vom deutschen Rundfunk gesendet worden. Der Bedeutung dieser Schlacht an der französischen Ärmelkanalküste Rechnung tragend, sehe ich, Nacherzähler des Geschehens, davon ab, den Text der Sonthofener Verlesung inhaltlich zusammenzufassen. Im Gegenteil!

Es liegt mir daran, den Wortlaut der Hitler'schen Sondersendung unverändert wiederzugeben:

»MIT DEM GONGSCHLAG: 22 Uhr und zwei Minuten.
Der Kampf am Atlantik.
In der vergangenen Nacht hat der Feind seinen seit langem vorbereiteten und von uns erwarteten Angriff auf Westeuropa begonnen. Unter dem Schutz massierter Bombenabwürfe und schweren Feuers der Schiffsartillerie führte der Feind seinen zwischen der Orne- und Vire-Mündung und am Ostteil der normannischen Halbinsel aus der Luft und von der See her gelandeten Kräften laufend Verstärkungen und auch Panzer zu. Rasch kamen überall die deutschen Gegenschläge. Beiderseits Cherbourg waren die feindlichen Luftlandetruppen bereits zerschlagen, bevor sie sich noch zum Kampf formieren konnten, und nur unter schweren Verlusten konnte der Feind einen Teil seiner Panzer an Land bringen. Der große Waffengang an der nordfranzösischen Küste hat somit begonnen. Er fand die deutschen Truppen überall bereit.«

DER JUNI '44 KAM UND GING. Mein Doppelleben war keinem aufgefallen. Im Juli gab es, wie stets, die großen Ferien. Mit dem Nachtzug fuhren wir Sonthofen-Schüler über München nach Berlin, der Luftangriffe wegen waren wir nicht in einen Tageszug befohlen worden.

Ich hatte es schwer, mich in Biesdorf wieder einzuleben. An einem Abend wollte Mutter mit uns Halma spielen. Ich tat ihr den Gefallen, Vater auch, und weil unser Radio während dieses Brettspiels nicht eingeschaltet war, haben wir die Meldungen nicht gehört, die von großer Tragweite gewesen sind. Erst am nächsten Morgen habe ich davon erfahren. Und es hat mir den Atem stocken lassen.

Es war wie immer früh, als ich meinen morgendlichen Dauerlauf beginnen wollte und in der Tür zum kleinen Haus mit einem Mann zusammenstieß. Er murmelte eine Entschuldigung und ließ mich wissen, Herr Söhnker habe ihn geschickt. Mit Grüßen und mit einer Botschaft. Einer, die von Bedeutung sei.

Ich erinnerte mich, den Mann früher mal gesehen zu haben. Bei der Ufa. In der Kantine. Dass er einer von Hannes Helfern war, ist mir nicht bekannt gewesen. Jedenfalls ist der Mann auf dem Weg zur Bar stets an unserem Tisch vorbeigegangen, ohne auch nur das kleinste Zeichen von Bekanntschaft anzudeuten. Bei dem Gedanken bin ich zögerlich geworden. Ich überlegte, was zu machen sei, als ich ihn leise sagen hörte: »Herr Söhnker hat mir gesagt, dass Ihre Eltern hier in diesem Haus wohnen. Aber er hat mich auch beschworen, mich nicht sehen zu lassen von den beiden.«

Ich habe ihn gefragt, warum er das nicht durfte, und die Antwort war, dass Max und Guste Krüger liebenswerte

Menschen seien, jedoch verblendet von unserem verbrecherischen Staatenlenker.

Das klang sehr nach Hanne Söhnker, aber ich habe den Besucher das nicht wissen lassen. Der wiederum hat sich zur Straße hin umgedreht. Ich wartete. Und schwieg. »Sehr viel länger darf ich hier nicht stehen«, sagte der Mann nervös. »Herr Söhnker sagt, wir müssen uns verdünnisieren. Er meint, unsere Gruppe in Berlin muss das tun, und die in Konstanz auch.«

Ich dachte bei mir, »verdünnisieren« klang sehr nach Hanne. Aber um sicher zu sein, dass dieser Mann nicht ein Spitzel der Gestapo war, stellte ich ihm die Frage, in welchem Zusammenhang die Botschaft stünde, die er mir zu überbringen habe. Woraufhin er sagte, »mit dem Albion und einem Radio, das uns allen gut gefällt«. Nun wusste ich, dass dem Mann zu trauen war. Er begann zu lächeln: »Gibt es hier einen Raum, in dem es sich gut reden lässt?«

Ich überlegte. Einen Keller hatte das Haus nicht. Aber dann nickte ich und ging dem Mann voraus auf die andere Seite des Gartens.

Dort ging es steile Stufen hinunter zu einem provisorischen Luftschutzraum, der tief in den Lehm gegraben worden war. Selbst Erwachsene konnten aufrecht darin stehen. Für Vater, Mutter, Ilse und manchmal mich war der Schutzraum groß genug. Die Wände waren mit Wellblech ausgeschlagen. Und Wellblech, auf Holzpfosten gestützt, war auch das Dach. Natürlich bot so ein Wellblechdach keinen Schutz vor Bomben, aber Bombensplitter hielt es vermutlich aus.

Ich half Söhnkers Boten die steilen Stufen runter. »Dieser Raum«, sagte ich, »ist ohne Frage abhörsicher.« Der Mann, dessen Namen ich nicht weiß, lächelte erfreut. Wir setzten uns auf zwei der vier Gartenstühle, und ich war gespannt, welche Art von Botschaft jetzt wohl kommen würde.

AM TAG ZUVOR, DEM 20. JULI, berichtete mir der Bote, habe Herr Söhnker durch BBC London erfahren, dass am Mittag desselben Tages ein Attentat auf Hitler verübt worden sei. Der Staatschef habe nur leichte Verletzungen erlitten und sei unverzüglich wieder an die Arbeit gegangen.

Ausgehend von dieser schwerwiegend veränderten Lage, so berichtete mir der Bote weiter, habe Hans Söhnker den Entschluss gefasst, die Aktivitäten seiner kleinen Gruppe von Fluchthelfern sofort einzustellen. Dies geschehe in der Gewissheit, dass die Gestapo wegen des Versuchs der Tötung des deutschen Reichskanzlers nunmehr mit doppelter Wut und Empörung den Widerstand auszurotten sich bemühen würde. Ganz besonders in Filmkreisen werde man nichts unversucht lassen. Die Auflösung der Gruppe werde leicht vonstattengehen, so der Bote weiter, da man leider schon seit geraumer Zeit keinem jüdischen Mitbürger mehr habe helfen müssen. Der Unterschlupf für die Hilfesuchenden, das Landhaus also, stünde leer.

Abschließend hörte ich Hannes Anordnung, dass die Gruppe sich in alle Winde verstreuen solle. Auf geraume Zeit sei jegliche Zusammenkunft zu meiden.

ATTENTAT AUF HITLER

Am 20. Juli 1944 um 12.42 Uhr detoniert während einer Lagebesprechung eine Bombe im »Führerhauptquartier Wolfsschanze«. Dort sind wegen der sommerlichen Hitze alle Fenster geöffnet, wodurch die Sprengwirkung schwächer als geplant ausfällt. Hitler wird nur leicht verletzt. Gegen 23 Uhr erklärt Generaloberst Fromm die Verschwörer in Berlin für verhaftet und verkündet Todesurteile wegen Hochverrats. Claus Schenk Graf von Stauffenberg wird in der Nacht zum 21. Juli im Hof des Bendlerblocks erschossen. Hitler wendet sich in derselben Nacht über Rundfunk an die Öffentlichkeit und nennt das gescheiterte Attentat »einen Fingerzeig der Vorsehung, dass ich mein Werk weiter fortführen muss und daher weiter fortführen werde«.

HANNES BEFEHL DES ZERSTREUENS IN ALLE WINDE habe ich unverzüglich ausgeführt, und meine Eltern unter einem gut ausgedachten Vorwand in ein kleines Dorf gebracht. Es liegt in Hessen. Wrexen ist der Name. Mutters Familie kommt von dort. Kleine Landwirte allesamt. Die Ferien meiner Kindheit habe ich sämtlich dort verbracht. Die Jungs und Mädchen in dem Dorf waren damals meine besten Freunde. Heute, weil alt geworden, leben sie nicht mehr.

Die Zeit auf dem Land hat uns gutgetan, Vatern, Muttern, mir. Wir hatten – jedenfalls für kurze Zeit – keine Angst vor Luftangriffen mehr. Es war ein Leben fast wie im

Frieden. Dann aber musste ich nach Sonthofen zurück. Ein halbes Jahr später holte mich das Schicksal wieder ein. Und tat's mit einer Wucht, wie nur eine Diktatur es Menschen antun kann. Unter dem Titel »Traum und Spiel und Sterben« habe ich in meinem Buch *Wanderjahre* die Ereignisse von damals nacherzählt. Auch wenn das alles jahrzehntelang zurück in der Vergangenheit liegt, füge ich den gleichen Text diesem Buch hier an. Der Grund: Es ist mir nicht möglich, die Konfrontation mit dem Schrecklichen, die Todesnähe, meine Ängste ein zweites Mal – schreibend – zu durchleiden. Hier kommt die Geschichte, die das Leben damals schrieb:

ANFANG 1945 MUSSTEN WIR UNSERE WAFFEN fassen. Die Fahrräder aus dem Keller holen. Die Tornister packen. Den Marschbefehl entgegennehmen. Das Papier war auf eine Kaserne in Todtnau ausgestellt. Todtnau liegt im Schwarzwald. Der Abschied von der Ordensburg ist mir nicht schwergefallen. Als wir auf unseren Rädern durch das große Tor nach Sonthofen hinunterrollten, sah ich mich nicht um.

In Todtnau übergaben die Erzieher uns der SS.

Die Einheit trug den Namen »Panzergrenadierdivision Nibelungen«. Als Adolf Hitler seinen Selbstmord plante, waren wir, seine Sechzehnjährigen, seine Söhne, an der Front. Wir gruben uns am Donauufer ein. Starke Panzerverbände der Amerikaner rollten auf uns zu. Hans Söhnkers Schutzwall aus Gedanken nützte jetzt nichts mehr.

Nach dem ersten Gefecht im Morgengrauen lag ich als Unverletzter zwischen vielen Toten. Schon am nächsten Tag brachte die SS Ersatz nach vorn. Es waren Bauernburschen aus dem Bayerischen, flüchtig an der Waffe ausgebildet, keiner mehr als sechzehn Jahre alt. Wir lagen in Erdlöchern und krallten uns an Ackerfurchen fest. Das Trommelfeuer der Artillerie riss die Bauernburschen in den Tod. Ich schoss auf jeden, der seine Waffe auf mich richtete. Einmal war es ein Flame, der mir sein Sturmgewehr entgegenhielt. Er war ein Söldner. Ein Schinder. Ein Mörder. In der Uniform der SS. Ich musste schneller sein, wenn ich überleben wollte. Als ich das Feuer aus der Mündung seiner Waffe sah, hatte ich ihn bereits getroffen. In der Nacht quälten mich keine Träume. Es war eine Sache der Selbstverteidigung gewesen.

Die Amerikaner, wenn sie zu meinem Erdloch wollten, waren kleine Figuren in der Landschaft. Ich schoss auf sie, um sie von mir fernzuhalten. Ihre Gesichter habe ich nicht gesehen. Nicht bis zu diesem frühen Morgen. Nicht bis zu diesem Spähtrupp. Tief im Wald. Die Feinde kamen langsam, sorgsam sichernd, eine Schneise hoch. Ich lag gut getarnt im Unterholz. Ein Amerikaner nach dem anderen lief durch mein Visier. Groß. Deutlich sichtbar. Ahnungslos. Ich sah die Gesichter. Sah die Augen. Aufgeworfene Lippen. Schwarze Haut. Mein Herz hämmerte wild. Ich spürte das Hämmern in dem Reisig unter mir. Und vermochte nicht zu schießen. Die Erzieher hatten mich darauf gedrillt, kaltblütig zu sein. Viele Jahre hatten sie darauf verwendet. Doch der Mörder, den sie wollten, steckte nicht in mir. Ich war zum Mörder nicht gemacht. Die Amerikaner liefen ungehindert weiter. Sie stießen auf ein Dorf in der Etappe. Bei einem Feuergefecht gab es viele Tote. Auch unter den Söldnern der SS.

Der Schuldige war sofort gefunden. Ich wurde einem SS-Richter vorgeführt. Hochverrat. Feigheit vor dem Feind. Und das Urteil lautete auf Tod. Ein SS-Sturmbannführer mit hohen Orden widersetzte sich der Exekution. Er machte mich zu seinem Melder. Sein Unterstand war weit vorgezogen. Trotz eines jeden Dauerfeuers schickte er mich über den freien Acker vor dem Unterstand.

Am zweiten Tag kroch ich nicht zu ihm zurück. Im Chaos der Schlacht am Donaubogen fiel es mir nicht schwer, zwischen den Fronten zu überleben. In Sonthofen hatten sie mir beigebracht, listenreich zu sein. Das kleine wilde Tier, das sie abgerichtet hatten, wusste jetzt seine List gegen das Netz der Fänger einzusetzen.

DER ANFANG VOM ENDE

Nach der Landung in der Normandie, gefolgt von der Befreiung Frankreichs, gelingt den Alliierten 1944 zunächst kein tieferer Einbruch ins Innere Deutschlands. Erst im Frühjahr '45 kommt es zu den entscheidenden Kämpfen. Im März überqueren die Alliierten an der Brücke von Remagen südlich von Bonn den Rhein und stoßen ins »Herz Deutschlands« vor. Ende April treffen sich die Spitzen der US- und der sowjetischen Truppen bei Torgau an der Elbe. Nach diesem Zusammentreffen ist der Einflussbereich der Deutschen zweigeteilt.

Von der Mitte Deutschlands aus erobern britische Einheiten den Nordwesten, US-Einheiten den Süden. Das Ende des Krieges ist nur noch eine Frage der Zeit.

MEIN ÜBERLEBEN ZWISCHEN DEN FRONTEN wurde recht bald leicht. Die deutschen Truppen hatten es nämlich eines Tages eilig, nach Süden zu kommen, während die amerikanischen Panzer langsam vorrückten und dabei sorgsam zu Werk gegangen sind. Zwischen beiden Linien gab es somit eine ganze Menge Möglichkeiten, sich zu verstecken.

AUF DEM FAST UNGESTÖRTEN WEG NACH SÜDEN konnte ich bald die Alpenkette sehen. Bayerns Berge waren mir willkommen, da kannte ich mich aus. Was daran lag, dass wir Sonthofener von vielen Tälern aus zu den Bergen aufgestiegen sind. Sommers ebenso wie winters.

Ein weiterer Grund zur Freude war der Gedanke, dass mir da oben kaum ein Amerikaner in die Quere kommen würde. Deutsche Trupps musste ich allerdings früh wittern. Das war klar. Und es gelang mir auch. Eine Almhütte ist mir zum Versteck geworden. Besucher vor mir hatten Dosen und Kartoffeln zurückgelassen, was eine Gabe war, die mehr als mild gewesen ist.

Ich wanderte auf den Kämmen in Richtung Osten und kam schließlich nach Tirol. Darüber gibt's schon bald recht viel zu sagen.

Hanne Söhnker habe ich sehr vermisst. An einen Satz von ihm habe ich immer wieder denken müssen. An den Satz, dass der Krieg verloren sei. Eines Tages war er es dann auch. Bewusst geworden ist mir das erst Tage später durch eine Beobachtung:

Im Tal unter mir gab es eine Chaussee. Sie führt zu einem Ort, der Lofer heißt, und es gibt sie übrigens noch heute. Als ich sie zum ersten Mal sah, im Frühjahr 1945, lag die Straße ziemlich ausgestorben da. Doch dann kamen Panzer angerollt. Und hinter ihnen Lastkraftwagen. Dunkelgrüne. An ihren Türen konnte ich große weiße Sterne sehen.

Da sind sie also, habe ich mir gesagt, die Amerikaner. Sind nach Tirol gekommen. Früher als gedacht.

Erstmal hat es nur wenige von diesen Lkw gegeben. Dann sind es mehr geworden. Mehr und mehr. Jeden Tag. Schließlich waren es Kolonnen, die nach Lofer rollten.

Das war der Morgen, an dem ich mir dachte, wie Frieden aussieht, weiß ich nicht. Aber das da unten sieht mir, verdammt noch mal, richtig nach Frieden aus.

Ich stieg nach unten ins Tal. Am Rand der Straße, neben den Lkw-Kolonnen, baute sich ein Amerikaner vor mir auf. Auf seiner Armbinde stand MP zu lesen, und ich vermutete, dass das die Militärpolizei war.

DA STANDEN WIR ALSO VOREINANDER, der Amerikaner und ich. Maschinenpistolen in den Händen. Der Mann vor mir war schwarz. Ich musste an Jesse Owens denken.

»Gimme your gun«, sagte er. Ich zögerte, und dann sagte der Mann den Satz, der alles ändern sollte: *»Man! The war is over!«*

Mir wurde flau im Magen.

Ich habe an Hanne Söhnker denken müssen.

Und habe dem Mann die *gun* gegeben.

DEUTSCHLAND KAPITULIERT

Am Morgen des 7. Mai 1945 unterzeichnet Generaloberst Jodl im Namen von Großadmiral Dönitz die Gesamtkapitulation aller Streitkräfte im Hauptquartier der Alliierten in Reims. Für die Alliierten unterzeichnet Eisenhowers Stabschef General Smith, für das sowjetische Oberkommando Generalmajor Susloparow sowie als Zeuge der französische Generalmajor Sevez. Die Kapitulation tritt am 8. Mai 1945 um 23 Uhr in Kraft. Stalin drängt auf eine Wiederholung der Zeremonie in seinem Machtbereich. So ratifiziert in der Nacht zum 9. Mai 1945 u. a. Generalfeldmarschall Keitel, Chef des Oberkommandos der Wehrmacht, die Urkunde im sowjetischen Hauptquartier in Berlin-Karlshorst.

DAS GEFANGENENLAGER SAH PROVISORISCH AUS. Hohe Rollen Stacheldraht begannen an einem Bauernhaus und endeten auch dort. Der Draht säumte eine recht große Wiese. Auf der Wiese gab es Bäume. Sie waren grün und trugen Blüten. Auf der Wiese lagen die Gefangenen. Ich war der einzige junge Kriegsgefangene dort.

Auch der Kommandant des Lagers war recht jung. Sein Rang war der eines Captain. Gleich am ersten Tag bin ich mit ihm ins Gespräch gekommen. Mein Schul-Englisch muss ziemlich mangelhaft gewesen sein, doch für eine bruchstückhafte Unterhaltung hat es gereicht. Als ich ihn gebeten habe, mich nach Hause gehen zu lassen, hat er nur gelacht.

Der Himmel über dem Lager ist blau gewesen. In der Sonne war es schön warm. Aber die Nacht danach war kalt. Ich habe gefroren. An uns Gefangene hatten die Amerikaner keine Decken ausgeteilt.

Schlimm für mich war der Stacheldraht. Den ganzen ersten Morgen bin ich an den silbernen Stacheldrahtrollen auf und ab gelaufen. Ruhelos. Elend. Der Captain stand am Fenster des Bauernhauses. Er hat sich mein Auf-und-ab-Gelaufe angesehen.

Am Nachmittag ging ich wieder zu ihm ins Haus und sagte ihm, dass ich bis vor ein paar Tagen noch sechzehn war und zu meinen Eltern wolle. Doch er hat nur abgewinkt. An meiner grauen Uniform hatte er sicherlich sofort erkannt, dass ich an der Front gewesen bin. Die SS-Runen am Kragen meiner Jacke war ich schon vor langem losgeworden, aber ganz sicher war der Captain in Kämpfe mit der SS-Division der Sechzehnjährigen verwickelt gewesen und winkte deshalb ab.

Unter den Gefangenen ging eine andere Sorge um: In Bad Aibling, hieß es, würden die Amerikaner deutsche Gefangene einer Delegation von Sowjets übergeben. Weil die Amerikaner keine Lust hätten, Hunderttausende ehemaliger Soldaten in die USA zu bringen. Was, so wurde gefragt, sollten sie da mit ihnen tun? Sie verköstigen? Unterbringen? Ihnen Arbeit geben? Nein. Nicht nötig. Weil es doch Sowjets gibt, die deutsche Kriegsgefangene liebend gerne haben wollen. Für Sibirien. Und die Viehwaggons dafür stünden, so wurde behauptet, auf den Schienen in Bad Aibling schon bereit.

Mit dieser schlimmen Nachricht ist die Angst zurückgekommen. Den Captain habe ich angefleht, so etwas nicht zu tun: »Die braune Diktatur ist tot. Wollt Ihr mich jetzt in einer roten leiden lassen?«

Er hat den Kopf geschüttelt und gesagt, er wisse nicht, wovon ich spräche. Von Bad Aibling habe er noch nie etwas gehört. Ich war geneigt, ihm zu glauben. Er hat mich ernst und irgendwie ehrlich angesehen.

DIE FURCHT VOR BAD AIBLING und Sibirien hat mich schlaflos werden lassen. Meine innere Stimme sagte mir, dass ich den Captain auf meine Seite bringen musste, ihm von dem Spähtrupp erzählen musste, auf den ich nicht hatte schießen können. Wenn er das hörte, würde er mich beschützen.

Doch das habe ich gleich wieder verworfen, weil er ja dann den Beweis hätte, dass ich bei der SS gewesen bin.

Oder aber … kann sein, dass er mich nicht nach Aibling schickt, sagte ich mir, wenn ich ihm von den guten Deutschen erzähle, die es trotz Nazizeit gegeben hat? Von einem berühmten Schauspieler zum Beispiel, der Hitler als seinen Feind angesehen hat? Doch auch den Gedanken verwarf ich: Versuch es gar nicht erst. Er wird dir niemals glauben.

Dann aber habe ich dem Lagerkommandanten doch von Hanne erzählt. Am Abend, als er, umringt von Wachsoldaten, seine Runde über die Wiese machte. Als er an mir vorbeigehen wollte. Da habe ich ihm von der BBC in London erzählt. Und von Hanne, der mich den Sender nicht hat hören lassen, weil es meinen sicheren Tod bedeutet hätte, wäre ich dabei erwischt worden. Sein eigenes Leben aber habe er nicht allein durch das Abhören der BBC in Gefahr gebracht, sondern auch durch die Weitergabe dessen, was er in der BBC gehört habe, an mich. Jeden Abend hätte ich seinem Bericht entgegengefiebert. Eines Abends aber sei dann dieser eine Satz gefallen, den ich nie vergessen werde.

Bis zu dieser Stelle hatte mir der Captain schweigend und aufmerksam zugehört, das sah ich an seinem Blick. Und so wunderte es mich nicht, dass er mich unterbrach und nach dem Satz fragte.

Meine Antwort war: »Unsere Truppen, die britischen und die amerikanischen – so wurde es von der BBC verkündet –, sind auf dem Wege, euch Deutsche zu befreien.«

Dazu schwieg der Amerikaner.

Ich deutete auf den Stacheldraht ringsherum, nahm all meinen Mut zusammen und sagte: »Nach Befreiung sieht mir das nicht gerade aus.«

AM NÄCHSTEN MORGEN ging die Sonne über einem Tag auf, den ich zu den glücklichsten in meinem Leben zähle.

Jener Tag hatte damit begonnen, dass ich frierend zwischen den anderen Gefangenen lag. Dicht aneinandergedrängt, ein Körper den anderen wärmend, lagen wir im Gras. Aus dem Bauernhaus kam ein schriller Pfiff. Von dem Captain, der in der Tür zur Bauernstube stand, die sein Büro geworden war. »Kruger!«, hörte ich ihn rufen. *»Come up! I do not have all day!«*

Wie es zwischen ihm und mir an dem Morgen in der Stube weiterging, erzähle ich hier in großer Dankbarkeit:

Ich gehe zum Haus, wo er hinter einem Tisch mit Akten sitzt. Ein paar Schritte davor stehe ich. Er sagt, dass er mich laufen lässt. Weil er ganz einfach glaubt, dass alles stimmt, was er gestern Abend von mir hörte, als die Sprache auf die BBC gekommen sei.

Dann spricht er das Wort »Freilassung« aus. Und die, sagt er, sieht aus wie folgt: Heute Mittag, gegen zwölf, kommt ein Jeep ins Lager, der einen Kessel heißer Suppe auf dem Hänger hat. Sobald das Gefährt über die Wiese und zum Haus hin rollt, wird er, der Kommandant, das Eisentor zwischen dem Stacheldraht offen stehen lassen. Ein paar Minuten nur. Den Vorwand dazu denkt er sich noch aus. Ich, Kruger, muss dann langsam, keine Aufmerksamkeit erregend, durch das offene Tor raus auf die Straße gehen. Und auf Nimmerwiedersehen den Houdini machen.

WIE MAN SICH DENKEN KANN, wollte ich mich überschwänglich bedanken, aber er winkte ab: Das Risiko würde für mich jetzt erst kommen. Denn für den Fall, dass seine Leute hinter mir das Feuer eröffneten, konnte er das nicht unterbinden. Sollte ich das zu gefährlich finden, hätte er dafür Verständnis. Die Entscheidung läge also ganz bei mir. Nun, ich brauchte keine Minute für die Entscheidung.

Ich bin durch das offene Tor gegangen.

Langsam.

Unauffällig.

Zur Straße hin.

Niemand hat geschossen.

ICH MACHTE MICH AUF DEN WEG und lebte dabei von Hoffnung. Es war die Hoffnung auf ein Leben ohne Kriegsgefangenenlager. Besonders ohne eines, das in der sowjetisch besetzten Zone im geschundenen Deutschland lag. Immer wieder wurde Schreckliches darüber erzählt. Über Folterung der Gefangenen. Und Vergewaltigung der Frauen. Über die Schicksale der Gepeinigten war ich entsetzt, und auch die Angst vor Sibirien steckte lange tief in mir.

Es gab viele Hindernisse auf dem Weg in Richtung Norden. Beispielsweise den einen oder anderen Fluss. An der

Donau hat mich ein Fährmann an das andere Ufer mitgenommen. Die Fränkische Saale war nur schwimmend zu durchqueren. Mit einem Arm. Der zweite musste den Eimer auf dem Kopf mit der grauen Uniform und den Schuhen halten. Es gab andere Flüsse, aber besondere Gefahr drohte von der Militärpolizei. Um der aus dem Weg zu gehen, bewegte ich mich nachts und schlief tagsüber. Im Unterholz des Waldes. Oder zwischen dichten Blättern im Gebüsch.

Was ich zum Essen brauchte, habe ich mir nach Dunkelheit erbettelt. Oftmals musste ich's mir stehlen. Ich hätte ja für Brot und Wurst bezahlen können. Seit dem Film *Junge Adler* gab es in meiner Tasche Geld. Nur Lebensmittelmarken, die gab es in meiner Tasche nicht. Und ohne Marken hat mir keiner etwas verkauft. Getrunken habe ich aus Bächen. Zum Waschen fand ich immer einen See.

Das Ziel in Richtung Norden zu finden war ein Kinderspiel, denn ich trug meinen Kompass um den Hals gehängt. Den hatte ich nicht in Sonthofen zurückgelassen. Ohne Karte hätte er mir allerdings kaum etwas genützt, denn ich bin nicht an den Straßen entlanggelaufen. Auch nicht in Sichtweite der Autobahn. Beides wäre zu riskant gewesen. Querfeldein war das Gebot der Stunde! Mit einer Karte in den Fingern. Ein Volksschullehrer hatte sie mir mitgegeben.

Als Ziel für meinen langen Weg hatte ich mir Wrexen vorgenommen, dieses Dorf, von dem ich schon erzählte. Spätestens in Würzburg sagte ich mir, dass ich Vater und

Mutter bei Onkel Gustav wiedersehe. Oder bei Tante Emma. Weil sie bestimmt vor den Sowjets aus Berlin geflohen sind. Doch als ich nach vierunddreißig Tagen Fußmarsch dann in Wrexen ankam, stand Onkel Gustavs Fremdenzimmer leer. Sein Gesicht war sehr besorgt, als er zu mir sagte: »Lass uns beten, dass den beiden nichts Schlimmes widerfahren ist.«

Das Beten ist mir nicht gelungen.

Bei Tante Emma dann habe ich gegessen und gegessen und gegessen. Erbsensuppe. Mit Würstchen drin. In der Nacht ist es mir gelungen, meine Erschöpfung wegzuschlafen. Nach dem Frühstück gleich am nächsten Morgen, habe ich mich auf den Weg gemacht. Richtung Berlin. Unweit Helmstedts haben mich Soldaten der Roten Armee gefasst. Der Schreck war groß. Aber nach ein paar Stunden haben sie mich vor einem roten Backsteinhaus bei dreißig oder vierzig anderen deutschen Männern abgeliefert. Die meisten waren Zivilisten. An die Spitze dieser Gruppe wurde zum Abmarsch ein Sowjetsoldat befohlen, der, wie es mir schien, in meinem Alter war. Der Junge trug ein Gewehr, das für seine kleine Statur enorm lang gewesen ist.

Soweit ich es verstanden habe, war das Ziel unseres Marsches ein Bahnhof, und den hat der russische Soldat niemals erreicht. In einem Waldstück nämlich machten sich ein paar Männer über ihn her. Ich sah, wie er zu Boden ging, sah auch, wie die Männer in den Wald verschwanden, und bin ihnen hinterhergerannt. Der kleine Russe ist tot zurückgeblieben.

DIE ERSTEN TAGE bin ich wieder nachts gelaufen. Aber dann habe ich bemerkt, dass dies unnötig war. Ende Juni '45, war ich siebzehn Jahre alt. Aber das hat mir keiner angesehen, und zwei Mädchen sind von mir regelrecht enttäuscht gewesen. »Wie ein richtiger Kerl sieht der nicht aus!«, hörte ich in Wrexen mal eine zu den anderen sagen, »Gesicht wie Muttis Bübchen. Geht glatt für dreizehn durch.« Seit mir klar geworden war, wie recht die Hübsche hatte, bin ich tagsüber unterwegs gewesen. Mein Weg hat mich durch ein Vaterland geführt, das vernichtet worden war.

Im Licht von Abenddämmerungen auf dem Weg nach Norden hatten mich Trümmerbilder sehr erschreckt, doch erst bei blendend hellem Sommerhimmel wurde mir – Tag für Tag – das ganze Ausmaß der Zerstörung klar.

Für jene anderen Generationen, die den mörderischsten aller Kriege nicht durchleben mussten, zeichne ich jetzt Impressionen auf, die mich und mit mir Millionen andere Deutsche haben wahrhaft verzweifeln lassen.

GANZ SELTEN EINMAL WAR EIN DORF heil geblieben. Meist lagen die Häuser abgebrannt wie Müll am Straßenrand. Die Fenster fast aller Schulen waren ohne Glas. Schienen stiegen, in sich verbogen, vom Bahndamm hoch zum Himmel auf. Friedhöfe waren übersät mit neuen Hügeln. Am schlimmsten von allen Städten schien mir Berlin zerbombt zu sein. Ich lief von Trümmerberg zu Trümmerberg. Aus den Fassaden vor dem Schutt drang Gestank. Von verwesendem Fleisch.

Ende eines Größenwahns.

Und überall war Staub. Grau seine Farbe. Vaters Bild kam mir in den Kopf, und ich dachte wieder daran, wie schwarzer Staub ihn hatte husten lassen.

Ich sah ein Kind, das weinte. Sah einen Mann, der fluchen wollte und nicht mehr wusste, wie das geht. Zu einem begeisternd schönen Sommerlicht sahen die Menschen nicht mehr hin. Vor Schmerz. Verzweiflung. Hoffnungslosigkeit.

ICH FAND MUTTER, WO ICH SIE MONATE ZUVOR verlassen hatte: In dem kleinen Haus beim Luftschutzbunker. Sie sah vom Fenster her, wie ich quer über die Straße zu ihr kam. Erst einmal griff sie sich an den Mund. Dann lief ein Leuchten über ihr Gesicht. Ich rannte durch die Tür ins Haus. Als ich sie in die Arme nahm, fühlte ich an meiner Brust ihr Weinen.

Ich sagte mir, dass es Freudentränen sind, weil ich nicht an der Front gefallen bin, doch dann bekam ich einen großen Schreck. Wo war Vater? Ich wagte nicht, nach ihm zu fragen. Und dachte nach. Musste ruhig sein. »Er ist in Spandau«, sagte ich mir. »Bei seiner BeTaLag, der Firma, die er führt. Aber … ist der Krieg nicht schon seit zwei Monaten beendet?«

Mutter unterbrach meinen Wirbel der Gedanken. Als hätte sie geahnt, dass ich an ihn dachte, begann sie von ihm – und mir – zu sprechen.

Er sei davon überzeugt gewesen, dass ich an der Front gefallen sei, so sagte sie. Denn Anfang 1945 war mein Brief gekommen, den ich kurz vor dem Fronteinsatz geschickt hatte. Eine Woche später sei mein Bild von der Wand gefallen und das Glas … auf dem Schreibtisch … war zersprungen. Vater hatte dies mit angesehen. Abergläubisch, wie er nun einmal ist, so erzählte Mutter, glaubte er, die Scherben würden ihm den Tod des geliebten Sohnes künden.

Ich schwieg lange. Mutters Bericht hatte mich im Innersten getroffen.

Doch war es an schlimmer Nachricht nicht genug: Meine Schwester Ilse war bereits wenige Wochen nach ihrer Abkommandierung in die Tschechei als vermisst gemeldet worden.

Als Nächstes begann Mutter von einem Feldpostbrief zu sprechen, den sie geschrieben hatte. An Ilses Mann. Irgendwo in Rumänien war er an der Front. Oberleutnant Gerhard Dossow. Und Mutters Brief war zurückgekommen. Ungeöffnet war er zurückgekommen …

Von der schlimmsten aller Nachrichten sprach Mutter ganz am Schluss. Seit dem Ende dieses Krieges, so sagte sie, sei sie auf dieser Welt allein geblieben. Denn eines schlimmen Morgens sei ein Kommissar von der Roten Armee gekommen. Mit Gefolge. Habe Vater verhaftet, weil er ein Funktionär in der Ortsgruppe von Hitlers NSDAP gewesen war. Weil er für Henkel & Sohn Lokomotiven konstruiert hatte. Das Gleiche aber für die Sowjets zu tun, hatte Max Krüger abgelehnt. So lautete die Anschuldigung. Und dann haben sie Vater über die Straße gestoßen. Nicht einmal zu ihr umdrehen hatte er sich dürfen. Und so … allein geblieben … bar jeder Hoffnung … hatte sich sein Gustchen mit etwas Gift den Tod gewünscht. Doch der Tod hat sie nicht haben wollen. Alles, was der Tod in ihr zurückgelassen hat, war Krankheit. War ihr Schmerz.

Was ich ihr tröstend hätte sagen können, habe ich eine Zeitlang nicht gewusst. Mein Kopf war leer. Und ich dachte, hoffentlich will sie nicht wissen, wie es mir an der Front ergangen ist. Wenn sie es aber tut, darf ich ihr nicht die Wahrheit von dem Urteil sagen. Nicht sofort. Vielleicht in ein paar Jahren mal. Und selbst dann wird sie sich schuldig fühlen. Wegen der falschen Erziehung ihres Sohnes. Wegen der Hochachtung einem Führer gegenüber, der's nicht wert gewesen ist.

Doch ich durfte ruhig sein. Sie hatte keine Fragen. Alles, was ihr blieb, war eine Bitte. Geflüstert. An den Sohn: »Versuche, mir zu verzeihen.«

Ich habe sie in den Arm genommen und ihrem Schweigen zugehört.

MIT EINER MENGE GLÜCK UND RÜCKENWIND, wie wir Piloten sagen, ist es mir gelungen – und das nicht einmal sehr viel später –, ihr die Qual düsterer Gedanken zu vertreiben und meinen Plan von der Fahrt nach Wrexen zu unterbreiten.

Noch dazu auf meine Weise, mit einem kleinen Schuss Humor. Und zwar so:

»Mutter«, sagte ich, »höre deinem ungeratenen Sohn jetzt zu.« Ich konnte sehen, dass sie lächeln wollte, es aber nicht richtig schaffte, weshalb ich fortfuhr: »Der kleine Eberhard hat nämlich 'ne Idee.«

Weil sie ungeduldig aussah, brachte ich die Sache auf den Punkt: »Ich nehm dich unter'n Arm und bringe dich nach Wrexen.«

Der Gedanke hat sie überrascht. »Nach Wrexen?«

»Genau«, habe ich genickt. »Hier in Berlin herumzusitzen, hat keinen Sinn.«

Es war ihr anzusehen, dass sie darüber nachzudenken hatte. Ich ließ ihr Zeit. »Wrexen aber tut's?«, fragte sie schließlich.

»Sehr sogar«, gab ich zu bedenken. »Weil du dort immer glücklich warst. Seit deiner Kindheit schon. Jedenfalls haben alle mir das so erzählt. Vor ein paar Wochen, als ich da gewesen bin. Weil ich dich dort gesucht habe. Dich und Vater hab' ich da gesucht. Und vielleicht sogar auch Ilse.«

»Ja, Ilse«, sagte sie, »denk nur mal. Deine Schwester. Was ist, wenn sie zurückkommt aus der Tschechei? Und keiner von uns ist hier?«

Ich schüttelte den Kopf. »Sie wird nicht nach Biesdorf kommen. Sie macht's ganz sicher so wie ich: Geht zuerst nach Wrexen. Weil sie sich sagt, Vater und Mutter sind vor den Sowjets aus Berlin geflohen. Und zwar nach Wrexen, zu den Verwandten.«

Der Gedanke hat sie überzeugt. Aber ich hatte jetzt auch ein paar Fragen.

»Frage eins«, fuhr ich fort: »Du hast davon gesprochen, dass du krank bist, Schmerzen hast. Wie steht's damit?«

»Man hat mir Tropfen gegeben gegen Schmerzen. Sie helfen mir. Wenn auch nicht für lange Zeit.«

»Das klingt gut. Frage zwei: Wirst du ein Stück laufen können?«

»Wie weit ist das, ein Stück?«

»Von hier bis zum S-Bahnhof.«

»Das schaffe ich. Wenn auch nur langsam.«

Ich schöpfte Hoffnung. Ganz besonders auch, weil sie mir erzählte, dass sie einmal in der Woche zu ihrem Arzt hat gehen müssen, dessen Praxis von unserem Haus genauso weit entfernt sei wie der S-Bahnhof.

»Gustchen Krüger«, habe ich gesagt, »du bist wunderbar!« Ich nahm ihren Kopf in beide Hände und gab ihr einen lauten Schmatz auf ihre schöne, runde Stirn.

»Du hast recht mit Wrexen«, sagte sie darauf, und fügte an: »Wenn die Russen euren Vater laufen lassen, wird er mich gar nicht woanders suchen gehen«. Tief in mir habe ich nicht daran geglaubt, aber das habe ich für mich behalten.

»Alles, was uns bleibt, ist Hoffnung, Mutter.« Das schien mir richtiger zu sein.

»Ja«, sagte sie dazu. Leise.

Zu meiner Überraschung schien es ihr an der Zeit, unsere Gedanken auf Praktisches zu lenken: »Wie willst du denn nach Wrexen kommen? Denk nur mal an Transport, an Ausweise, an Fahrkarten, was weiß ich.«

Diese Sorge habe ich ihr nehmen können. Denn als ich von Westen her zu Fuß zum Wannsee kam, hab' ich vor dem S-Bahnhof einen Personenzug gesehen. Auf den Stufen zum Bremserhäuschen hoch hat ein Schaffner mit seinem Frühstücksbrot gesessen. Er sprach davon, dass dieser Zug täglich Punkt 9.27 Uhr in Richtung Westen rollt. Bis zur Grenze zwischen der sowjetischen und der britischen Zone. Ab da gingen die Passagiere zu Fuß nach Hessen rüber, und da stehe ein anderer Zug, der die Leute bis nach Kassel bringe. Und ich sagte ihr dann noch, es könne ja auch sein, dass es Züge gibt, die über die Zonengrenze bis nach Kassel fahren.

Meine Erzählung über den Schaffner vom Wannsee und sein Bremserhäuschen erreichte bei Mutter zweierlei: Zum einen war sie – Tochter eines Eisenbahners – amüsiert, und zum anderen war ihr die Sorge um das *Wie* auf dem Weg nach Wrexen abgenommen. Ich konnte nun darüber sprechen, dass mir nicht nur ihr Wohlergehen sehr am Herzen lag: das Wohlergehen eines Freundes namens Söhnker tat es auch.

Die beiden kannten sich seit der Premiere von *Junge Adler*. Über jenen Abend ist zu berichten, dass Hermann Göring beim Premierenpublikum auch weiterhin den Namen Hermann Meier trug. Und das kam so: Vor der Premiere hatten wir – Vater, Mutter, Schwester, ich – der alliierten Bomber wegen neben Hanne Söhnker im Luftschutzkeller hocken müssen, und als die Entwarnung endlich kam, gab es das Kino in anderer Form als bisher zu sehen: als Trümmerberg mit Feuersbrunst.

Hanne hatte tiefernst zu den Flammen hingesehen. Was er sich dachte, habe ich geahnt. »Böse, böse Briten …« war es, was er dachte. »Mischen sich in unsere Festlichkeiten ein.« Gottlob hat er's nicht gesagt.

Der Film fiel an dem Abend aus. Anstelle der Premiere gab es nun in Potsdam ein *Diner*. Mutter, Vater und Ilse haben Hanne bewundernd angesehen. Von seinem Doppelleben ließ er sich nichts anmerken. Nicht das Geringste. Besonders mit Mutter ging er sorgsam um. Als er sah, dass mich das wunderte, sagte er, sie sei meine Mutter – das sei alles, was für ihn zähle.

Ja, so hat er das gesehen, Mitte 1944, als er Mutter das erste Mal begegnet ist. Ein Jahr später habe ich Mutter in dem kleinen Haus in Biesdorf noch einmal davon erzählt und hinzugefügt: »Am Ende meines langen Weges auf Schusters Rappen, von Wrexen nach Berlin, bin ich nicht als Erstes zu Vater und zu dir gelaufen. Wie du weißt, liegt mir auch das Wohlergehen von Hanne Söhnker sehr am Herzen. Und das von Abbi Florath ebenso. Seit ich in den Krieg ziehen musste, habe ich von beiden nichts mehr gehört. Also habe ich mich in Potsdam und in Zehlendorf nach ihnen umgesehen: Abbi ist, so wurde mir in seiner Pension gesagt, seit einer ganzen Ewigkeit nicht mehr dagewesen. Und nun zu Hanne: Seine Zehlendorfer Villa habe ich als Trümmerhaufen vorgefunden. Lediglich das Garagenhaus ist stehen geblieben. Ein Nachbar hat mir gesagt, dass Söhnker lebe und unverletzt durch den Bombenkrieg gekommen sei. Er sei hier gewesen, aber jetzt schon lange nicht mehr. Es heißt, er sei in den Schwarzwald gezogen.«

Mit diesen Worten war mein Bericht zu Ende. Mutter hatte still zugehört.

»Wie ich dich kenne, wirst du nach Hanne Söhnker suchen gehen.«

»Richtig. Aber dazu brauche ich Geld. Was ich nicht habe. Ich glaube aber, er wird es sein, der nach mir suchen kommt. In der Vergangenheit war das immer so.«

Kurz darauf wollte Mutter wissen, wann wir uns auf den Weg nach Wrexen machen wollen.

Vor der Antwort habe ich ganz tief Luft holen müssen. Und dann gesagt: »Noch heute«.

Es hat mich überrascht, dass sie darauf nichts zu fragen wusste. Es galt, ihr Wichtiges zu sagen: Ich begann damit, ihr zu bedeuten, dass wir getrennt zum Bahnhof gehen. Weil Vaters Schicksal zu denken gibt. Wenn die Sowjets den Parteigenossen Hitlers abgeholt haben, der mein Vater war, würden sie da nicht liebend gern auch den Sohn verhaften wollen, der auf einer Ordensburg erzogen worden ist?

Meine Worte haben ihr Schmerz bereitet. Ich sah das wohl. Aber wie unermesslich groß würde der Schmerz wohl sein, wenn sie auch den Sohn verliert? Ich habe sie in den Arm genommen und ihr die Tränen abgewischt. »Verzeih mir, Mutter. Ich hätte nicht so zu dir sprechen dürfen.«

»Nein, nein, nein …«, flüsterte sie. »Du hast ja recht.«

Sie ging in das Zimmer mit dem Schrank. Holte einen Karton von oben herunter und packte ein paar Sachen ein. Wortlos verließen wir das Haus.

Auf dem Weg zum S-Bahnhof ging ich weit von ihr entfernt. Ich zog mir die Mütze tief ins Gesicht. Doch ich sah niemanden, der mich kennen konnte. Auf der S-Bahnfahrt quer durch die Stadt sahen wir viel Zerstörung. Mutter schloss ab und an die Augen, und ihr Atem schien mir schwer. Ich ahnte, was sie dachte.

»Mein Land ist totgegangen.«

Das wird es wohl gewesen sein.

DEN ABEND HABEN WIR IN DER EVANGELISCHEN Bahnhofsmission zugebracht. Wenn ich mich recht entsinne, befand die sich in einem Gebäude des S-Bahnhofs Zoo. Die kleinen Räume waren brechend voll mit Menschen, die mir den Eindruck machten, als würden sie sich auf der Flucht befinden. Eine freundliche alte Dame gab uns zwei große Becher Suppe, in der keine Würstchen schwammen.

Als es Nacht wurde, wollte der Missionspfarrer wissen, ob wir miteinander verwandt seien. »Aber ja!«, verkündete Mutter nicht ohne Stolz, »Das ist mein Sohn. Sieht man das nicht?«

»Na, wenn das so ist«, lachte der Geistliche, »dann müssen Sie sich ein Feldbett teilen! Wie Sie sehen, sind alle Plätze belegt.«

Das Zelttuchlager war recht schmal. Eng umschlungen haben Mutter und Sohn die Nacht verbracht.

ALS WIR DEN ZUG am nächsten Morgen vor uns sahen, sank mir das Herz. Menschen, die in den Westen wollten, umringten die Wagen auf beiden Seiten. Andere hatten bereits jeden Platz belegt. Oder standen aneinandergepresst in den Korridoren. Auch in den Abteilen, vor den Bänken, standen sie. Wer schon am frühen Morgen einen Sitzplatz ergattert hatte, nahm Kinder und Frauen auf den Schoß. Draußen hielten sie sich an offenen Türen fest.

Auf der Suche nach dem Abteil vom Roten Kreuz rannte ich den ganzen Zug entlang. Früher, im Krieg, hatte es das einmal gegeben. Jetzt, im Frieden, gab es das Abteil nicht mehr. Zurück bei Mutter sah ich Verzweiflung in den Augen. Ich wusste nicht, was tun, was sagen, doch dann hörte ich einen Mann von oben zu mir runter rufen: »Jüngling! Hier oben ist noch Platz!«

Lustig, farbenfroh gekleidet und mit lautem Lachen stand der Kerl oben auf dem Dach. Er legte sich hin und streckte die Hand nach unten. Ich kniete mich auf den Boden und wies meine Mutter an, erst auf meinen Rücken und dann auf die Schultern zu steigen, sodass der Farbenfrohe sie hochziehen kann. Über meinen Befehlston ist Mutter etwas erschrocken gewesen, aber sie tat wie ihr geheißen.

Wie ich dann selbst raufgekommen bin, weiß ich nicht mehr ganz genau. Ich glaube, dass ich an einem hochgekletttert bin, der auf den steilen Stufen stand. Weil der Verständnis hatte und mich nicht verfluchte, habe ich mich vom Dach hinunter bei ihm bedankt.

Vor allem aber habe ich unserem Helfer auf dem Dach ein Dankeschön gesagt. Doch der winkte ab und meinte, dass jeder so eine Frau in seiner Nähe haben sollte, eine, die sich nicht beschwert. Ein Satz, über den Mutter sich ganz still freute.

Ich konnte von Glück sagen, dass wir unsere zwei Plätze noch bekommen haben, und zwar solche, auf denen man sich hat ausstrecken können, denn die Dächer aller Wagen waren voll besetzt.

Bis zur Abfahrt dauerte es noch eine ganze Weile.

Mehrmals sah ich Eisenbahner den Zug entlanggehen, und weil sie uns nicht von oben runterholten war mir klar, dass es auf der Strecke keine Tunnel oder Brücken gab, die so niedrig sind, dass sie uns alle runterfegen würden. Unsere Wagen hingen an einer Lokomotive, die beeindruckend qualmte und uns recht langsam in Richtung Westen zog. Es mag sein, dass ich ein paar Mal eingenickt bin und von Zerstörungen des Krieges nicht so viel wie sonst gesehen habe. Meist gab es Friedliches links und rechts der Schiene. Auch als die Fahrt zu Ende war und »Alle Aussteigen! Endstation!« gerufen wurde, waren hinter dem Bahngebäude nur eine Wiese und ein schöner Wald zu sehen. Ich hörte Bremsen quietschen, und noch bevor die Räder zum Stillstand kommen konnten, brach Panik aus. Als würden sie von Furien gehetzt, sprangen die Leute aus den Abteilen, ließen sich vom Bahnsteig auf die Straße fallen, hasteten über die Wiese und verschwanden im Wald. Ich nahm an, es geschah aus Furcht vor den Sowjets, obwohl kein einziger zu sehen war.

Der Farbenfrohe war auf dem Dach geblieben. Er sagte, ich solle runterspringen, er würde meiner Mutter helfen.

Ich sprang. Der gute Mann legte sich auf den Bauch, griff mit seinen kräftigen Pranken nach Mutters Händen, ließ die Verängstigte über die Kante gleiten. Ich fing sie auf. Dann sprang auch er. Er schlug mir auf die Schulter und wünschte mir viel Glück. Dann hastete er davon. Mutter sah, wie er über die Wiese lief und im Wald verschwand. Sie lächelte ihm nach. »Es gibt doch noch gute Menschen.«

Auf einem Trampelpfad, der durch hohes Gras nach Westen ging, waren wir allein. Die Eisenbahner hatten sich davongemacht. Auch von den Sowjets ließ sich keiner sehen, weshalb ich vermutete, dass die Russengenerale ihre Zonengrenze so kurz nach Friedensschluss noch unbewacht lassen würden. So war es ja schon auf meinem Hinweg nach Berlin gewesen.

Wir kamen auf der Wiese nicht so recht voran. Mutter war doch noch ziemlich schwach. Ich habe sie huckepack genommen. Irgendwann bog der Pfad nach Süden ab. Als ich ihm folgte, sah ich die Soldaten. Braun gekleidet. Mutter stieß einen kleinen Schrei des Schreckens aus. Ich ließ sie sanft zu Boden gleiten. Es war meine Hoffnung, dass die Soldaten Briten waren und wir die Zonengrenze überschritten hatten. Doch weit gefehlt: Die Braunen vor uns waren Rotarmisten. Fünf an der Zahl. Schwer bewaffnet. Das sah mir nicht nach Grenzkontrolle aus. Eher nach Marodeuren, Wegelagerern in Uniform. Und so war es dann auch.

Sie kamen auf uns zu. Als sie vor uns standen, deutete einer auf meine Armbanduhr. Ich gab sie ihm. Und bangte um den Kompass an einer langen Schnur unter meinem Hemd. Doch ich hatte Glück im Unglück – der Russe war zufrieden mit der Uhr. Aber weiter hielt das Glück nicht an: Der größte von ihnen griff nach Mutters Hand. Der rechten. Zog ihr den Ehering vom Finger.

Mutters Gesicht war wie aus Stein. Die Marodeure gingen weiter. Liefen schweigend über die Schienen. Als wir sie nicht mehr sehen konnten, nahm ich Mutter wieder auf den Rücken.

An dieser Stelle muss ich gestehen, dass ich mich nicht daran erinnere, wie es weiterging. Wann und wie wir den Zug erreichten, der uns nach Hannover brachte, kann ich nicht mehr sagen. Ich weiß nur, dass in einem Abteil für uns Platz gewesen ist. Ich entsinne mich auch, dass Mutter sich in meine Arme schmiegte. Und erinnere als Letztes noch, wie wir schwiegen. Weil wir keine Worte fanden, die uns hätten helfen können.

EBERHARD, ICH HAB DICH AUF DEM DACH GESEHEN. Mit diesen Worten klopfte mir von hinten jemand auf die Schulter. Beim Umdrehen sah ich, dass der fröhliche Satz von einer hübschen Frau gekommen war, die ein merkwürdiges Bild abgab, das kontrastreicher kaum sein konnte:

Der Blaumann, den sie trug, war ölverschmiert. Ihr Hals schien frisch gewaschen. Das Gesicht darüber war so dreckig wie die Montur. Eine Schiebermütze hatte die Frau tief in die Stirn gezogen. Als sie sie abnahm, waren da blonde Locken über strahlend blauen Augen.

Die Rätselhafte stand schlank und groß vor Mutter und mir. Der Bahnsteig hinter ihr war voller Menschen. Auf einem Schild stand *Hannover Hbf.* Und was es mit der Frau auf sich hatte, fasse ich hier kurz zusammen:

Sie war Schauspielerin. Ich entsann mich, dass ich sie von Babelsberg her kannte. Wir waren am Wannsee in denselben Zug gestiegen. Aber uns anzusprechen, hatte sie nicht gewagt. Sie wollte nämlich nicht, dass ihre Frauenstimme sie verrät. Denn sie hatte sich als Mann verkleidet.

Wegen der Rotarmisten. Aus Furcht vor Vergewaltigung. Und die Verkleidung hatte funktioniert. Ihr war nichts geschehen. Mit Schalk in den Augen kommentierte sie: »Unsittliches Berühren ölverschmierter Proleten fällt Stalins Kriegern selbst im Traum nicht ein.«

Mir gefiel die Frau. Sie gefiel mir sogar sehr. Und ich ließ sie das auch wissen. Als ihr Zug in den Bahnhof rollte und ich sagte, das sei schade, sah sie mich ernst an.

Mutter und ich haben die Frau noch zur Tür ihres Abteils gebracht. Auf dem Weg dahin sagte sie: »Wolfgang Liebeneiner hat an dein Talent geglaubt. Du hättest seine Hilfe nutzen sollen.«

»Ich weiß«, nickte ich, »doch dazu ist es jetzt zu spät.«

»Vielleicht auch nicht«, meinte sie, »sprich mit ihm.«

»Wie denn? Ich weiß ja nicht mal, wo er ist.«

»In Hamburg ist er«, sagte sie, während sie die Stufen zum Abteil raufstieg. In der Tür drehte sie sich noch einmal um. »Er wohnt in einer Straße namens Elbchaussee, die hoch oben über dem Fluss von Altona nach Blankenese geht.« Von oben runter hat sie mir die Hausnummer zugerufen.

Ich sagte die Adresse vor mich hin. Und lernte sie auswendig. Die Tür oben schlug laut zu. Der Zug fuhr an. Hinter der Scheibe hat mich die Frau noch einmal angesehn.

DEUTSCHLAND UND VIER ZONEN

Nach Kriegsende und bis Gründung der Bundesrepublik Deutschland und der DDR 1949 ist Deutschland in vier Besat-

zungszonen aufgeteilt, Berlin in vier Sektoren (USA, Großbritannien, Frankreich, Sowjetunion). Das Passieren der »grünen Grenze« zwischen den Westzonen und der sowjetischen Zone ist für Zivilisten möglich, wenn auch illegal. Im Juni '46 wird diese Grenze gesperrt und darf nur noch mit »Interzonenpass« überquert werden. Einen regelmäßigen Zugverkehr zwischen Ost und West gibt es ab Mai 1946. In den Westzonen werden Reisebeschränkungen 1948 aufgehoben.

EIN CHAOS, WIE WIR ES IM OSTEN ZU DURCHLEBEN hatten, wiederholte sich im Westen nicht. Es gab weitaus mehr Züge auf den Schienen, das mehrfache Umsteigen haben Mutter und ich gemeistert, und als es Samstagabend wurde, kamen wir in Wrexen an. Unser gut gespieltes Schlendern durch die Tür von Gustav Heinemann löste Jubel aus, und nur wenige Minuten später kamen auch die Meiers angelaufen. Alle umarmten und küssten uns, doch als die Sprache darauf kam, weshalb Max nicht bei seinem geliebten Gustchen war, wurde es still, und ich habe Tränen über Gesichter laufen sehen.

Mutter bekam das schönste Zimmer in Tante Emmas Haus, und mir wurde eine Stube mit Doppelbett bei Onkel Gustav als Bleibe zugedacht. Im Schrank fand ich Vaters wollenen Mantel und ein paar Wintersachen, die die Eltern nach dem Weihnachtsbesuch zurückgelassen hatten.

Wrexen war ein schönes Dorf mit kleinen Häusern. Ein Fluss, der sich seinen Weg durch Wald und Wiesen bahnte,

Hitlers Erbe.

trug den Namen Diemel. *Correction:* Der Fluss trägt den Namen heute noch. Diemel.

So gut wie alle Männer arbeiteten in einer Papierfabrik am Fluss. Die Frauen bestellten kleine Felder für den Eigenbedarf. Im Keller eines jeden Hauses gab es Ziegen. Hühner. Und ein Schwein. Einmal im Jahr wurde geschlachtet. Dann gab es Schinken, Schmalz, Leberwurst und Speck.

Ich sagte mir, dass Mutter in Wrexen keine Not zu leiden hatte. In ein paar Wochen wär' sie sicher wieder ohne

Schmerz. Und ich wollte zu Liebeneiner nach Hamburg gehen. Doch dafür brauchte ich ein wenig Geld. Was ich seit *Junge Adler* hatte, ging zur Neige. Lebenskünstler nennen das wohl so. Das Neigen musste aufgehalten werden. Also nahm ich Arbeit an. Beim Großbauern als Erntehelfer. Beim Bäcker mit den Kuchenblechen. Im Gasthaus beim Waschen vieler Gläser.

Nach ein paar Wochen hatte ich schon gut gespart. Doch der Gedanke, der Reichsbahn Geld für die Hamburg-Fahrkarten zu geben, missfiel mir sehr. Cousin Rudi sagte: »Wenn 's so weit ist, nimmst du in Scherfede einen Güterzug. Ich zeige dir auf der Karte, wo der Verschiebebahnhof ist. Von da fahren Züge ab, die in alle Richtungen gehen. Du suchst dir den aus, der nach Hamburg fährt. Auf dem spielst du *Blinder Passagier*.«

Als Mutter von dem Plan hörte, wurde sie recht traurig. Doch sie verstand, dass ich Arbeit brauchte. Eine, die in die Nähe meiner Träume kam.

Rudi sagte, aus dem Wandern sei er raus. Sein Rucksack wär jetzt meiner. Ich packte ein, was mir von Vaters Sachen passte. Den wollenen Mantel beispielsweise. Auch ein Paar seiner Schuhe waren unter dem, was er zurückgelassen hatte. Die Schuhe sind mein großes Glück geworden.

Tante Emma und Onkel Gustav gaben mir Brot und Wurst mit auf den Weg.

AUF DEM VERSCHIEBEBAHNHOF gab es unter allen Zügen nur einen, der am Abend noch nach Hamburg fuhr.

Er war aus dem Ruhrgebiet gekommen, seine Loren waren nach oben offen, und er hatte Steinkohle geladen.

Ich glaube, ich habe mir den Kopf gekratzt. Was war zu tun? In Scherfede die Nacht verbringen? Morgen wiederkommen? Hoffen, dass dann ein Zug mit geschlossenen Waggons nach Norden geht? Möglich. Was aber, wenn es den nicht gibt? Also: Entscheidung treffen.

Wohlweislich hatte ich mir der kühler werdenden Nächte wegen die graue Uniform angezogen. Die war warm genug. Die Entscheidung fiel. Das Pendel schlug in Richtung *fahren* aus. Ich kletterte nach oben. Und hockte mich auf die Kohlebrocken.

DIE ANKUNFT IN HAMBURG habe ich in meinem Buch *Wanderjahre* so beschrieben:

Der Zug war die ganze Nacht hindurch gerollt. Als er nicht weiterfuhr, ließ ich mich von dem Waggon auf die Schienen fallen. Ein paar Brocken Kohle fielen mit. Die ersten Minuten lag ich da, wie tot. Ich dachte: Tot zwischen Schienen. Die Muskeln waren steif. Kalt. Wie Eis. Im Kopf saß Schmerz. Wie von spitzen Messerklingen. Die Hände auf den Schienen waren schwarz. Ich dachte: Und dein Gesicht? Auch schwarz? Mit weißen Augen in dem schwarzen Staub?

Später rappelte ich mich auf. Wo war die Stadt? Da drüben. Hinter den Bombentrichtern. Bei den Mietshäusern. Bei den toten Fensteraugen unter grauen Wolken. Die Stadt lag ein Stück in Richtung West. Der Schotter stank nach

Urin. Meinen Einzug in Hamburg hatte ich mir anders vorgestellt.

Hinter dem Verschiebebahnhof war ein Kiosk. Auf einer Zeitung der Militärregierung konnte ich das Datum sehen. Es war der 2. Oktober 1945. Ich erschrak. Morgen war Mutters Geburtstag! Ich hätte wenigstens bis dahin bei ihr bleiben sollen.

Langsam ging ich der Stadt entgegen.

DIE SS-UNIFORM WARF ICH *ENDLICH* AUF DEN MÜLL. Und ich ging *endlich* unter eine Dusche.

Die Jacke meines Vaters war mir über der Brust ein wenig eng, aber wenn ich sie offen ließ, fiel das nicht auf.

Meine Bleibe für den ersten Tag war der Bahnhofsbunker unter einem runden Turm.

Ich hatte viel über diese Hafenstadt gelesen. Meine Vorfreude war groß. Doch als ich sie an jenem Oktobertag durchwanderte, gab es keine Freude mehr. Was ich damit sagen will, ist dies: Auf dem Weg zur Elbchaussee lief ich ewig lang durch Trümmer. Vom Bahnhof aus, entlang am Hafen, quer durch ein Straßenviertel, hatte es sie wohl einmal gegeben. Doch diese Stadt gab es nun nicht mehr.

NACH GUT ZWEI STUNDEN STRAMMEN GEHENS sah die Welt ganz anders aus. Villen waren stehen geblieben. Große Villen. Weiße. Blaue. Rote. Unter Bäumen standen die. Und auf einem Straßenschild war *Elbchaussee* zu lesen.

Allerdings ist hier eine *Correction* anzubringen: Nicht alle Häuser waren stehen geblieben. Hier und da gab es mal eines, das kaputtgebombt worden war.

Diese Straße hoch über dem Fluss ist wirklich so schön gewesen, wie meine Namenlose sie gepriesen hatte.

Wolfgang Liebeneiner war ein wenig alt geworden, jedenfalls schien es mir so. Er sagte, dass er sich freue, einen Überlebenden vor sich zu sehen. Nun sei er aber noch nicht »entnazifiziert«, wie man das heute nennen muss. Aus mir einen Schauspieler zu machen, wäre ihm also nicht gegeben. Was er aber tun könne und auch tun werde, so sagte er, sei, in einem Brief die Hilfestellung für ein junges Talent zu erbitten von Rudolf Külüs, dem kommissarischen Leiter des Hamburger Schauspielhauses.

»Gehen Sie ein wenig vor die Tür«, schloss er die Sache ab, »kommen Sie in einer halben Stunde wieder. Dann ist der Brief getippt.«

Ich ging durch einen Park zum Fluss hinunter, sah großen Schiffen zu und ließ meinem Gönner – in froher Dankbarkeit – mehr als eine halbe Stunde Zeit. Als er mir den Brief dann gab, sagte er noch: »Geh nicht zum Schauspielhaus an der Kirchenallee, wenn du Herrn Külüs suchst. Dieses schöne Theater hat der britische Stadtkommandant für seine Truppenbetreuung beschlagnahmt. Das Hamburger Staats-Ensemble ist im Besenbinderhof untergebracht, wo vor der Hitlerzeit eine deutsche Gewerkschaft ihre Heimat hatte. Du findest dieses prächtige Gebäude ein Stück abseits vom Hauptbahnhof gelegen.«

HERR KÜLÜS NAHM DEN BRIEF aus meinen Händen. Beim Lesen nickte er ein paar Mal vor sich hin. »Verstehe«, sagte er dann. »Sie sind hochbegabt, haben erfolgreich in einem Film mitgespielt, eine schauspielerische Ausbildung ist Ihnen nicht zuteilgeworden, Sie sind so gut wie allein auf dieser Welt, und ich soll Ihnen in meinem Haus eine Bleibe bieten.« Er sah mich freundlich an, bevor er weitersprach. »Hier ist, was ich mit Ihnen mache: Ich nehme Sie auf in meine Statisterie. Sie beginnen morgen um 9 Uhr bei der Probe. Die Abendgage ist drei Mark. Das klingt wenig. Ist auch wenig. Aber mit den Doppelvorstellungen reicht das für Sie aus. Und – damit Sie dem Liebeneiner nicht vor die Hunde gehen, wie er es nennt, wird meine Sekretärin Ihnen aus dem Bestand möblierter Zimmer, die unsere Stadtverwaltung uns für ausgebombtes Personal zur Verfügung stellt, eine Bleibe suchen. Dafür müssen Sie zwar Miete zahlen, aber wenn Sie den Gürtel enger schnallen, kriegen Sie das hin.«

Ich weiß nicht, wie ich an dieser Stelle beschreiben soll, dass ich vor Freude springen wollte. Doch ich habe mich nicht getraut. Anzunehmen ist allerdings, dass es diesem Külüs im Gesicht des Siebzehnjährigen nicht entgangen ist. Denn nach einem harten Schlag auf meine Schulter ist er aus der Tür gegangen.

Draußen hat er sich noch einmal umgedreht. Und mir einen Rat gegeben: »Der Militärsender der Engländer sucht deutsche Talente für seinen Jugendfunk. Schauen Sie da doch mal vorbei. Rothenbaumchaussee heißt die Straße, wo der Sender steht. Geht vom Bahnhof Dammtor ab.«

RUDOLF KÜLÜS WERDE ICH AUF EWIG DANKBAR sein. Alles, was er gesagt, was er mir geraten hat, habe ich befolgt. Der Reihe nach:

Zunächst eine Unterkunft. Mit dem Rucksack fest auf dem Rücken bin ich zum Stadtteil Bahrenfeld gelaufen, wie es auf dem vorgedruckten Zettel stand, den die Sekretärin im Theater mir gegeben hat. Die Adresse hießt Luruper Chaussee Nummer soundso, zweiter Stock. Das Zimmer ist klein gewesen und die Vermieterin von nennenswerter Gehässigkeit. Beides hat mich nicht gestört, weil das Zimmer alles hatte, was der Bahnhofsbunker mir nicht bieten konnte, nämlich: Bett, Tisch, Stuhl und Schrank.

Gegenüber, auf der anderen Seite des Korridors: Waschbecken, Spiegel, Abstellbrett, Toilette, Bad und Dusche. Es muss nicht erwähnt werden, dass es kein warmes Wasser gab, denn ich glaube kaum, dass nach dem verlorenen Krieg irgend jemand in Hamburg warmes Wasser hatte. Als Nächstes:

Die Arbeitssuche. Der Weg zu Fuß war wieder einmal lang, von der Luruper bis hin zur Rothenbaumchaussee. Dort dann: große Villa, Radiosender, Jugendfunk. Sekretärin, Abteilungsleiter, Korridor, Regisseur. Textbuch, Pult. Und Probe vor dem Mikrofon. Wenn einer vom Film kommt, von der Ufa, ist so ein Mikrotest leicht zu bestehen. Der Abteilungsleiter war zufrieden. Als Nächstes:

Der Personaloffizier. Auch hier fing alles sehr sympathisch an. Doch das blieb nicht so. Weil sich das Leben eine Wiederholung der Auseinandersetzung mit dem amerikanischen Offizier von Lofer nicht hat verkneifen können. Ich gebe hiermit wieder, was geschah.

Die Sekretärin gab mir einen Fragebogen. Auf der Vorderseite wurden Fragen gestellt, die mir harmlos schienen. Auf der Rückseite dann aber waren die Wohnorte und / oder Adressen der letzten Jahre einzutragen. Meine Adressen sind gewesen:

… bis 1941: Schillerstr. 120, Berlin-Biesdorf

… ab 1941: Ordensburg Sonthofen, Bayern.

Ich trug die beiden Adressen ein und sagte mir: Ordensburg? Ist doch reiner Quatsch, die Anstellung am Militärsender überhaupt erst zu versuchen.

Der Personaloffizier trug eine britische Uniform. Beim Lesen der ersten Seite sagte er, »Sie sind Berliner«. Er hatte es auf Deutsch gesagt. Ohne jeden Akzent.

Ich nickte. Mir schlug das Herz zum Halse hoch.

»Ich war auch einmal Berliner«, sagte der Offizier. »Meine Heimat ist Charlottenburg gewesen. Bis Hitler kam und Völkermord beging.« Er drehte die Seite um. Las. Sah mich an. Unglauben in den Augen. Nicht nur das. Auch Empörung.

Der Mann sprach leise weiter. Mit einer Stimme, die seine Verärgerung zu unterdrücken suchte. Was ihr nicht gelang. Die Beschuldigungen, die ich anzuhören hatte, waren schlimm. Ich kannte sie. Das machte es nicht besser.

ICH, DER NACHERZÄHLER DIESER BEGEGNUNG, die am Rothenbaum geschehen, die wahrscheinlich ein einmaliges Vorkommnis gewesen ist, verzichte auf eine getreue Schilderung und beschränke mich auf den Versuch einer Beschreibung dessen, was in mir, dem jungen Burschen, in jener Stunde vorgegangen ist.

Ich spürte Scham. Verzweiflung, Hoffnungslosigkeit. Darüber hinaus kam mir aber der Gedanke, dem Offizier von Söhnker zu erzählen. Von einem Deutschen, der Lebensretter jüdischer Mitbürger gewesen ist. In Lofer hatte ich das schon einmal überlegt. Doch gleich wieder verworfen. Und ich verwarf den Gedanken auch gleich hier am Rothenbaum wieder. Weil ich mir sagen musste, dass der Engländer aus Charlottenburg die Geschichte von Hanne und von mir niemals glaubt. Schlimmer noch: Er wird meine Ausführung als den billigen Versuch der Behauptung ansehen, dass es auch den einen oder anderen guten Deutschen gegeben hat.

Andererseits lag mir aber auch die Ehrenrettung Söhnkers sehr am Herzen, ich wusste nur nicht, wie ich es anstellen sollte. Doch unverhofft kam die Gelegenheit dazu. Sie bot sich an, als der Offizier schwieg, dann aber wissen wollte, ob ich etwas vorzubringen hätte. In die Pause hinein habe ich ihm gesagt, dass ich mich schäme. Dass ich aber auch etwas vorzubringen hätte. »Nicht für mich«, sagte ich. »Vielmehr für einen Mann, der mein Vorbild ist. Mein väterlicher Freund.«

Und dann habe ich ihm erzählt, was ich schon den Amerikaner in Lofer hatte wissen lassen, dass Hanne Söhnker nämlich während des Krieges die deutschsprachigen Sendungen der BBC gehört und mir jeden Abend berichtet hat, dass die Engländer in ihren Kämpfen die erschöpften deutschen Truppen schlugen. Und dann habe ich davon gesprochen, wie die Augen meines Freundes leuchteten, als er mir sagte, »die Armeen der Briten und der Amerikaner haben die Normandie hinter sich gelassen und sind jetzt auf dem Weg, uns zu befreien«.

Das ist es gewesen, was ich im Büro des Offiziers zur Ehrenrettung Söhnkers vorzubringen hatte. Die erste Reaktion meines Gegenübers war wieder einmal Schweigen. Möglich, dass er nachzudenken hatte. Doch erkennbar war das nicht. Die alte, verfluchte Hoffnungslosigkeit kam zurück. Und so fiel mir nichts anderes ein als der Weg nach draußen.

Eine Tür zum Vorzimmer stand offen. Der Frau an ihrem Tisch stand Mitleid ins Gesicht geschrieben. Mitleid mir gegenüber habe ich niemals leiden können. Dennoch habe ich mich bei der Frau bedankt. Bis heute weiß ich nicht, warum.

Was als Nächstes kam, war eine Überraschung. Sie erreichte mich draußen auf dem Korridor. Und zwar so:

Ich hörte eine Frauenstimme meinen Namen rufen. Immer noch voller Zweifel drehte ich mich um. Die Vorzimmerdame kam angerannt. Sie lief auf Stöckelschuhen. Das sah komisch aus. Ganz nah bei mir hielt sie an. Nahm meine Hand. Zog mich in den Korridor zurück. »Mein Chef will dir etwas sagen.«

Und das tat er auch. Aber erst, als ich in seinem Zimmer war.

»Ich lasse Gnade vor Recht ergehen.« Das ist es, was er sagte. Das ist es, was die Überraschung war. »Mein Vorzimmer stellt die Erlaubnis aus. Sie können bei uns arbeiten. Aber wehe, wenn Sie mich enttäuschen.«

Ich schüttelte den Kopf. Das sollte heißen: »Ich enttäusche Sie nicht.« Und habe es auch nicht getan.

AM ERSTEN TAG AUF DEM WEG ZU EINER BÜHNE habe ich mir gesagt, Glückskind! Heute fängt ein neues Leben an. Ab jetzt eine Junggesellenbude! Tag und Nacht. Und keine Schusters Rappen mehr. Sondern eine Monatskarte. Für die Straßenbahn. Und oben drauf dann auch noch: Arbeit! Zweimal gleich: Schauspielhaus und Sender! Junge, mach das Beste draus!

Ich entsinne mich, dass ich durch die rappelnden Fenster jener Straßenbahn immer wieder Leute sah, die zwischen Trümmerbergen Steine klopften. Hämmernd mussten sie harten Zement von roten Backsteinen trennen. Viele von ihnen waren bis vor kurzer Zeit noch Parteigenossen Hitlers gewesen. Der war jetzt tot, sie klopften Steine. Viele hatten Schuld auf sich geladen. Vermutlich kleine Schuld. Die großen Nazis saßen hinter Gittern. Göring, Kaltenbrunner, Heß, und wie sie alle hießen. Der Prozess gegen sie war in Vorbereitung.

NÜRNBERGER PROZESS

Im August 1945 rufen die Alliierten in Nürnberg einen Internationalen Militärgerichtshof ins Leben. Von November 1945 bis Oktober 1946 werden 24 Hauptkriegsverbrecher und sechs NS-Organisationen angeklagt. Auf der Anklagebank sitzen Hermann Göring, Rudolf Heß, Joachim von Ribbentrop, Wilhelm Keitel, Ernst Kaltenbrunner, Alfred Rosenberg, Hans Frank, Wilhelm Frick, Julius Streicher, Walther Funk, Hjalmar Schacht, Karl Dönitz, Erich Raeder, Baldur von Schirach, Fritz Sauckel, Alfred Jodl, Franz von Papen, Arthur Seyß-Inquart, Albert Speer, Konstantin von Neurath, Hans Fritzsche. Robert Ley nimmt sich vor Prozessbeginn das Leben. Martin Bormanns Verbleib ist ungeklärt, Gustav Krupp von Bohlen und Halbach ist krankheitsbedingt prozessunfähig. Das Verfahren ist öffentlich, mehr als 250 Berichterstatter aus aller Welt sind akkreditiert, allerdings nur Inhaber ausländischer Pässe und Staatenlose. Am Ende stehen zwölf Todesurteile, von denen zehn am 15. Oktober 1946 vollstreckt werden. Göring nimmt sich kurz zuvor mit einer Zyankalikapsel das Leben.

DEN BESENBINDERHOF habe ich an meinem ersten Tag durch den Haupteingang betreten, was daran lag, dass ich von der Existenz eines Bühneneingangs nichts wusste, und als ich vom großen Saal aus Helmut Käutner, Hilde Krahl und Gustav Knuth auf der Bühne proben sah, waren die drei Berühmtheiten bereits gut drei Wochen bei der Arbeit. Das wiederum hat daran gelegen, dass Herr Külüs Mitte September den Brief von Wolfgang Liebeneiner noch nicht kannte.

Die Wochen, die dann kamen, sind mir unvergesslich. Das Stück ist Shakespeares *Der Widerspenstigen Zähmung* gewesen. Herrn Käutner hatte ich im Ufa-Studio bei seiner *Großen Freiheit Nr. 7* schon oft als Regisseur arbeiten sehen. In Hilde Krahl war ich schon mit fünfzehn insgeheim verliebt, und das Charisma eines Gustav Knuth ist mir seit langer Zeit bewusst gewesen. Neben ihm als sein Diener auf der Bühne herumtrollen zu dürfen, habe ich als Erlebnis angesehen. Die beiden, Krahl und Knuth, waren ein wunderbares Paar, und da ich kein Geld für eine Schauspielschule hatte, habe ich Herrn Knuth bei den Proben und später dann bei den Aufführungen von der Bühnengasse aus zugesehen. Der Schauspieler, der ich heute bin, hat mit Zuseh-Lernen angefangen, und es soll mir keiner kommen und behaupten, dass dies nicht geht!

Mit der *Widerspenstigen* ist die Wintersaison am 5. November 1945 eröffnet worden. Käutner hatte dazu einen Prolog geschrieben – und auch sprechen lassen – der nach qualvoll stümperhafter Sprache einer mörderischen Diktatur die Rückkehr zu schöner Dichtung kündete und diese Rückkehr mit dem Glanz von Schauspielern, Ballett, Flötenspiel und makelloser Helligkeit zu bieten wusste. Für ein Publikum, das vorbei an Trümmern ins Theater kam, war dieser Shakespeare ein Erlebnis.

FÜR MEINEN BERICHT über den ersten Tag der Probe muss ich noch mal zurück hinter die Bühne. Ich hatte ja das Theater durch das Hauptportal betreten. Den besonderen

Bühneneingang habe ich erst entdeckt, als ich Stunden später an der Glaswand des Pförtners vorüberwollte, aber wie vom Blitz getroffen stehen blieb. Die Wand gegenüber war eine Mauer großen Schreckens. Fotos hingen da, die ich mein Lebtag nicht vergessen kann. Große Fotos. Schwarzweiß. Menschliche Skelette starrten mich aus engen Rahmen an. Ich hatte den Anblick von Massengräbern in mir aufzunehmen. Von Kindern, die aus offenen Mündern schrien. Nackten Frauen, die geschunden wurden. Alten Männern, die vor SS-Soldaten knien mussten. Derart Schreckliches hatte ich noch nie gesehen. Mir ist schwindelig geworden. Ich konnte nicht mehr stehen. Der Pförtner zog mich auf seinen Stuhl. Er sagte: »Die Militärregierung hat die Bilder aufgehängt. Ich muss jeden Tag die Augen davor schließen.«

Seit jener Stunde weiß ich, was die Menschen meinen, wenn sie von einem schweren Herzen sprechen. Ich vermochte nicht, durch die Tür zur Straße rauszugehen. Der Weg zurück zur Bühne war der einzige, den ich fand. Schweren Herzens tat ich das.

Gustav Knuth war noch im Haus. Er sprach mit dem Inspizienten. Als er sich abwandte, trafen sich unsere Blicke. Langsam kam er auf mich zu. »Wie heißt du?«, wollte er wissen. »Eberhard?« Ich nickte, und er sagte: »Ich kenne dich erst seit heute früh, aber was du gesehen hast, da vorne beim Portier, erzählt mir dein Gesicht.«

Er ging vor mir her zur Bühnentür. Die Fotos habe ich nicht noch einmal angesehen. Als wir auf der Straße waren, hat der große Knuth zu dem kleinen Anfänger gesagt: »Ich glaube nicht, dass du nach Hause willst.«

Als ich den Kopf schüttelte, sagte er: »Dann kannst du mir vielleicht einen Gefallen tun. Ich habe von früher noch eine kleine Wohnung hier in Eppendorf. Aber da ist in diesen Tagen niemand außer mir. Meine Frau ist bis nächste Woche in Berlin. In Eppendorf gibt es also keinen, der mir den Text abhört. Würdest du das für mich tun?«

Das tat ich.

Und das war, wie's zwischen Humphrey Bogart und Claude Rains in *Casablanca* heißt, »der Beginn einer wunderbaren Freundschaft«.

NOCH EINE ANDERE FREUNDSCHAFT ist in jener Zeit entstanden, die ein Leben lang gehalten hat. Über den Mann im Mittelpunkt der Ereignisse gibt es Ungewöhnliches zu berichten. Er war ein Vertrauter unseres Regisseurs. Buchhändler von Beruf. Mitte vierzig. Bei den *Widerspenstigen*-Proben hat er zusehen dürfen, weil Knuth und Käutner mit seinem Schicksal vertraut gewesen sind. »Felix Jud«, so sagten sie, »ist sein Name.« Und was sie uns im Lauf der Probenzeit über ihn erzählten, ist das Folgende:

»Er heißt Jud. Aber Jude ist er nicht. Den Hitler hat Felix aus tiefstem Herzen angefeindet. Um nur ein Beispiel zu nennen: Eines schönen Tages hat er einen Bollerwagen mit Schild vor seiner Bücherstube hin- und hergezogen. Auf dem Schild stand *Kauft beim Jud.*

Viele andere gehässig-komische Sachen hat er gemacht, und dann ist etwas Entscheidendes geschehen: Alle von den Nazis verbotenen Bücher hat er in Nachtarbeit aus den Regalen genommen, sie sorgfältig in eiserne Kisten verpackt und irgendwo in Holstein tief in der Erde vergraben. Später einmal, als er Grund hatte anzunehmen, dass leere Stellen in den Bücherreihen seines Ladens die Spitzel der Gestapo nachdenklich machten, hat er etwas Gras im Vordergarten seines Mietshauses so uneben aufgelockert, dass es aussieht, als ob da etwas vergraben worden sei. Zu seiner allergrößten Freude konnte er dabeistehen, als die Gestapo den Garten umpflügte, aber nichts hat finden können. In grenzenloser Wut haben die Schergen ihn daraufhin verhaftet und in das KZ Neuengamme verschleppt. Auf wundersame Weise hat er überlebt. Der befreite Felix ist ins Holsteinische gefahren, hat die Eisenkisten ausgegraben und alles, was der Tyrann verboten hatte, voller Stolz in die Regale zurückgestellt. Und hier setzt das große Glück ein, das mir zuteilgeworden ist: Felix hatte Zuneigung zu mir gefasst. Er nahm sich meiner an, und wir wurden sehr bald Freunde. Die Bücher aus den Eisenkisten sind zu einer Bibliothek geworden, die mir meinen Weg gewiesen hat. Felix Jud ist mein Lehrmeister geworden. Das wahre Lesen habe ich bei ihm gelernt. Er gab mir Bücher über Gott, nach dem ich mich auf die Suche machte, und auch Werke unserer Dichter, die den Weg in den Tod gewählt haben, weil sie glaubten, sie würden ihre Heimat niemals wiedersehen.

Mit großer Selbstverständlichkeit erzählte ich Felix von meinem Traum zu schreiben. Und über meinen festen Willen, ihm eines Tages eigene Bücher auf den Tisch zu legen, habe ich gesagt, dass ich aber damit warten werde. Weil es erst einmal nicht ums Schreiben, sondern das Lesen ging.

»Gut so«, hat der Buchhändler gesagt. »Ich warte.«

IM GESPRÄCH MIT FELIX habe ich immer wieder rumgerätselt, wie Hitler wohl zu Tode kam. Seit ich das in Lofers Lager von anderen Gefangenen erfuhr, gab es darüber nur Gerüchte, Widersprüchliches und knapp Gehaltenes. Das änderte sich erst im Jahr 1956. Ich lebte in London und hatte mir gerade mit dem Film *Einer kam durch* auf den britischen Inseln und in anderen Ländern einen Namen gemacht. Damals erklärte ein deutsches Gericht Adolf Hitler für juristisch tot. Meine Landsleute, die ganze Welt und ich erfuhren davon aus der Presse.

Und im Zusammenhang damit war schließlich zu lesen, dass Hitler sich verkrochen hatte. In einen Bunker unter der Erde. Aus Angst vor den Sowjets.

HITLERS SELBSTMORD

Vom 16. Januar 1945 an hält sich Hitler meist nur noch in den Räumen des Bunkers im Garten der Alten Reichskanzlei auf. Bei seinem letzten öffentlichen Auftritt am 20. März zeichnet er Hitlerjungen und SS-Soldaten mit dem Eisernen

Kreuz aus. Mitte April beginnt die Rote Armee mit der Einkesselung Berlins. Am 27. April soll Hitlers Entschluss zum Suizid festgestanden haben, um den Sowjets nicht lebend in die Hände zu fallen. Einen Tag später, gegen Mitternacht, heiratet er seine Lebensgefährtin Eva Braun und diktiert ein privates und ein politisches Testament, in welchem er u. a. Dönitz zum Reichspräsidenten und Oberbefehlshaber sowie Goebbels zum Reichskanzler ernennt. Am 30. April mittags verteilt Hitler Giftampullen an seine Begleiter. Gegen 15 Uhr zieht er sich mit Eva Braun in seine Privaträume zurück. Wenig später fällt ein Schuss. Als Reichsleiter Bormann den Raum betritt, findet er Hitler blutüberströmt mit einer Pistole in der Hand vor. Seine Frau hat sich mit Kaliumcyanid das Leben genommen. Die Leichen werden, wie von Hitler angeordnet, im Garten verbrannt und begraben. Das Oberkommando der Wehrmacht meldet Hitlers Tod am Abend des 1. Mai im Radio, verschweigt aber den Suizid. Am 10. Mai legt Fritz Echtmann, Assistent von Hitlers Zahnarzt, den sowjetischen Besatzern Gebissteile zweier Leichen vor, die er als von den Eheleuten Hitler stammend identifiziert. Spätere Untersuchungen bestätigen dies. Die Sowjets halten die Ergebnisse aus politischen Gründen lange geheim. Erst am 25. Oktober 1956 erklärt das Amtsgericht Berchtesgaden Adolf Hitler offiziell für tot. Vorausgegangen war eine Untersuchung, in deren Verlauf mehr als vierzig Zeugen aussagten, darunter Hitlers Adjutant und sein Kammerdiener.

DA HAT SICH ALSO JEMAND ein paar Wochen lang wie eine Ratte unter der Erde versteckt, der sich zuvor zwölf Jahre lang oberirdisch, mit Pauken und Trompeten und flatternden bunten Fahnen, von Millionen Bürgern hat bejubeln lassen. Zwölf Jahre lang. Nicht mehr! Wenig also, gemessen an den tausend Jahren, von denen er immer großmäulig geredet hatte. Zu bedenken dabei ist dies:

In der Zeit von 1933 bis 1945 hat es Millionen Menschen auf der Welt gegeben, die zu Opfern Hitlers und seiner Getreuen wurden. Wir wissen nicht, ob es in den KZs, den Folterkammern und im Zweiten Weltkrieg sechzig, siebzig oder gar achtzig Millionen Tote gab. Ganz sicher muss der Erzähler dieses Buches nicht daran erinnern. Wenn er es trotzdem tut, geschieht es aus einer tief empfundenen Wut, die er nicht zu unterdrücken vermag.

DOCH NUN ZURÜCK IN MEINE ZEIT als Statist. Ich wollte damals so gern von Hilde Krahl beachtet werden, aber sie schien mir tief in ihrer und Liebeneiners Welt zu sein und nirgends sonst.

Meine Tage waren angefüllt mit Shakespeare, Schiller, Knuth und Weihnachtsmärchen. Zum Thema Shakespeare ist zu sagen, dass ich Knuth auch weiterhin seinen Text abzuhören hatte. »Im Austausch«, wie er es nannte, gab er mir Unterricht. Mit einem Korken zwischen den Zähnen. Und das kam so: Er hat mich ein paar Monologe sprechen lassen und dann zu mir gesagt: »Wie du eine Rolle zu spielen hast, brauche ich dir nicht beizubringen. Du weißt aus dem Instinkt heraus, wo du Pausen einlegst, wann du Tempo machst und wo du retardierst. Was wir tun müssen, ist, deine Stimme weit nach vorne bringen.« Er drückte mir einen Korken in die Hand und sagte: »Steck ihn dir zwischen die Zähne und beiß drauf.« Dann sagte er, ich solle den Monolog des Jungen sprechen, der seine Königin anbetet.

Nichts leichter als das: »Ich zählte zwanzig Jahre, Königin. In strengen Pflichten bin ich aufgewachsen.«

»Jetzt«, rief mir Gustav zu, »sprichst du den Text weiter, aber bringst deine Stimme ganz nach vorn. Gerade so, als würdest du durch die Nase sprechen wollen. Und so lässt du deine Stimme durch einen Großraum kommen, den du nicht siehst, nicht spürst, den du jedoch hörst.«

Ich tat es, jeden Tag und immer wieder. Wochen später war dann meine Stimme da, wo Knuth sie hatte haben wollen.

So viel dazu. Nun zum Weihnachtsmärchen. Ab dem 5. November wurde die *Widerspenstige* aufgeführt. Ich sagte das bereits. Von da an waren jeden Morgen Proben für das Märchen. Ein hübsches Mädchen lag in einem Sarg aus Glas. Weil wir *Schneewittchen* spielten. Herr Külüs sagte, dass dies ein geeigneter Zeitpunkt für die mir zugesagte Sprechrolle sei. Dafür gab es nur eine Szene. Und die lief so ab:

Schneewittchen liegt in der Bühnenmitte unter Glas. Um sie herum der Wald. Ein junger Prinz will zu ihr hin. Zwei seiner Diener, in Seide gekleidet und mit Hellebarden in den Händen, schreiten ihm voran. Der eine Diener ist ein

Statist mit Namen Etzold. Der andere bin ich. Nun der Auftritt, Gasse rechts: Etzold stürmt auf die Bühne und ruft: »Macht Platz!«

Ich stürme auf die Bühne und rufe: »Für den edlen Prinzen!«

Diese vier Worte waren die ersten, die ich je auf einer Bühne gesprochen habe. Immerhin zwei mehr als der andere Statist.

FÜR MEIN ERINNERN AN SÖHNKER wird es nun aber allerhöchste Zeit. Sehr sogar. Woche um Woche hab' ich ihn nicht gesehen. Aber das war nicht das erste Mal. Immer wieder kam es vor, dass ich von Sonthofen nach Hause in die Ferien fuhr und ihn nicht finden konnte. Wenn er dann – urplötzlich – vor mir stand, habe ich ihn nicht gefragt, warum er so lange weg gewesen war. Das hat ihm gefallen. Einmal hat er mir das gesagt. Fortan wusste ich Bescheid. Es war eine Eigenart von ihm.

BEVOR ICH MICH DREI MAL um mich selber drehen konnte, war es Weihnachtszeit. 1945. Ich fand das wunderbar. Denn ich hatte dann nur ab dem frühen Nachmittag zu tun. Erst *Schneewittchen*, dann die *Widerspenstige*. Die Vormittage aber gehörten mir. *Correction:* mir und dem Sender. Ich durfte Nachrichten vom Blatt ablesen. Für den Jugendfunk. Es gab *Round Table Talks.* Die waren zwar auf Deutsch, immer mit vier anderen jungen Leuten, aber für den Titel hatte der Sender die englische Sprache gewählt. Auch für ein anderes Programm ist das so gewesen. *Feature* wurde das genannt. Auch Live-Sendungen hatte es gegeben, mit Gesprächen also, die nicht aufgezeichnet wurden. Beim ersten Mal habe ich mich lachend gefragt, ob der berlinisch-englische Personaloffizier Sorge haben könnte, dass ich mich aufgrund meiner Sonthofen-Zeit vielleicht lobend über bestimmte Themen der Nationalsozialisten äußern könnte. Doch Spaß beiseite: Ich glaube es kaum, denn wann immer ich dem Mann begegnet bin, auf dem Korridor, in der Kantine oder anderswo, hat er mir freundlich zugenickt. Und das gleich von den ersten Tagen an, als er seine Meinung über mich geändert hatte.

Eine andere Sache gibt es noch, die ich an dieser Stelle erwähnen möchte. Und die dreht sich um das Thema Honorar. Es gibt bekanntlich Leute, die sich zur Bezahlung öffentlich nicht äußern wollen. Weil es sich »eines Künstlers nicht geziemt«. Ich, der Junge von damals mit drei Mark für *Schneewittchen* und für die *Widerspenstige*, habe einen Doppelsalto aus dem Stand gemacht, wenn es vom Sender dreißig Mark gegeben hat und für ein langes *Feature* auch schon mal vierzig an der Kasse abzuholen waren. Und ich sage das auch laut und deutlich. Weil ich finde, dass es sich geziemt.

ZWISCHEN DEN JAHREN, wie die Deutschen die Tage zwischen Weihnachten und Neujahr nennen, traf ich eine Entscheidung, die ein Abschied war. Und ein Neubeginn.

Zunächst ein Wort zum Abschied. Dabei geht es um meinen Namen. Eberhard. Den habe ich nie gemocht. Zugeordnet worden ist er mir, weil Mutters Vater so geheißen hat. Und zum Überfluss hat mein Vater noch ein paar andere Namen dazugetan. Die von zwei Brüdern und einem Freund, wie ich später mal erfuhr. Es ist anzunehmen, dass er sich auf dem Weg vom Bett meiner Geburt zum Standesamt im Wedding den Besuch der einen oder anderen Kneipe nicht hat verkneifen können, so überglücklich, wie er war. Als Resultat sind August, Franz und Ewald hinzugekommen. Wer liest sowas schon gern auf der Urkunde seiner Geburt? Ich nicht.

Nun ein Wort zum Neubeginn. Dabei handelte es sich um den Weg, den das Leben mir gestattet hat zu gehen. Fort von einer Ordensburg. Hin zu Wahrheit und Veränderung mit Umwegen, die mich in Todesnähe führten, Beruf mit weitgestecktem Ziel, Leben mit Humor und Träumen.

Das war es, was ich wollte. Und das ist es auch, was ich geworden bin. Ein neuer Mann. Mit einem neuen Namen. Anstelle von Eberhard nun Hardy. Es fühlte sich an, als hätte ich mich selbst geschaffen. Silvesterabend hab' ich das gemacht.

AM MORGEN, DER DANN KAM, bin ich richtig froh gewesen. Es war ein bitterkalter Morgen. Ich hatte Eisblumen am Fenster. Was nicht verwunderlich gewesen ist. Zum einen war es Januar. Der erste. 1946. Zum anderen gab es in meiner Bude weder Heizkörper noch Herd. Die Nacht zuvor hatte ich mich angekleidet, um zu Bett zu gehen. Das muss beschrieben werden. Und zwar von untendrunter angefangen. Damit es was zu lachen gibt. Also: Erst einmal warmes Hemd, lange Unterhose, wollene Socken. Darüber ein Pullover und eine Hose. Warm, aus Cord. Und wiederum darüber: Vaters Wintermantel. Mehr habe ich mir nicht bieten können. Mehr hatte ich ja nicht. *Correction:* Es gab noch ein Plumeau.

Nun ein Wort zum Draußen-vor-dem-Fenster. Der Himmel war in jedem Winter grau. Dennoch hat es Spaß gegeben. Weil die Eisblumen nicht nur am Fenster wuchsen. Es gab sie auch an der Tapete. Und die von da abzupulen, hat Fingerfertigkeit gebraucht.

Nun, es hat noch mehr Grund gegeben, froh zu sein. Von Abbi Florath kam ein Brief aus Schwaben. Er hat Arbeit. Im Theater. Auch Mutter schrieb. Es geht ihr gut. Und wie geht's mir? Ganz wunderbar! Im Lederbeutel, unterm Hemd, hab ich Reichsmarkscheine. Vom Sender. Und von der Statisterie. Auch die Zukunft sieht vielversprechend aus: In Zuckmayers Zirkus-Stück *Katharina Knie* war mir die Rolle des Berberitzche zugedacht. Ein Intendant aus Hannover hatte sich zur Premiere angesagt.

Und ich weiß auch noch, dass ich Spaß daran hatte, mir an dem Neujahrsmorgen etwas auszudenken: Ein Bild von mir im Bett. Seit *Junge Adler* war ich ja daran gewöhnt, mich im Film zu sehen. Also habe ich mir vorgestellt, die Kamera ist da oben in der Deckenlampe. Und was die sieht, ist dies:

Plumeau am Boden. Eis vorm Fenster. Ich auf dem Bett. In Vaters Mantel. Mein Gesicht ist froh. Meine Hände auch. Weil sie sich was holen dürfen. Frage: Was? Antwort: Eisblumen. Von der Tapete.

Das Bild hat mir gefallen. Ich nahm mir vor, es öfter anzusehen.

AUCH DEN TRAUM VOM SCHREIBEN hab' ich nicht vergessen. Meine Wanderungen durch den Hafen haben mich zu einer Schreibmaschine hingeführt. Zu einer kleinen. Gedacht für Reisen. Marke Adler. Sie stand *Bühnenmitte* wie mein neues Leben es mich an dem Tag denken ließ, in einem Fenster, zwischen allerlei Klimbim. Über der Ladentür war »Pfandleihhaus« zu lesen. Mein zukünftiges Kleinod sah etwas mitgenommen aus. Drinnen, im Laden, habe ich dem Besitzer erzählt, dass ich meine Geschichten mit Füller schreibe. Von jetzt an aber mit Maschine. Der Pfandleihmann hat gelacht. »Den Traum wirst du dir gleich erfüllen können, denn ich mach dir einen guten Preis und leg auch noch 'nen Stoß Papier und zwei Farbbänder dazu.« Vor lauter Freude hab' ich zu ihm auch von meinem Traum mit Flugzeugen gesprochen, und dazu hat er gesagt, »daraus wird kaum was werden, weil die Siegermächte einem deutschen Jungen das Fliegen nicht erlauben.«

IN DER LURUP-BUDE habe ich Fingerübungen auf meiner Errungenschaft gemacht. Zwei-Finger-Übungen, ganz genau gesagt. Das Schauspielhaus ließ mir gottlob Zeit dafür. In Stücken wie *Volpone* hatte ich an Probentagen kaum zu tun. Ich musste nur abends auf der Bühne sein.

Die Fingerübungen machten es möglich, mich an eine Geschichte heranzuwagen. Die erste auf der Adler war die *Elbwanderung eines Statisten.* Eine Reihe anderer folgten. Doch keines der Blätter habe ich jemandem zeigen wollen. Ganz bestimmt nicht Felix Jud. Das hab' ich Jahre später erst gemacht. Erst als ich begann, über Begegnungen an der Front zu schreiben. Über Ereignisse, die mich zum Weiterdenken brachten. Ich komme noch darauf zurück.

Jetzt drängt es mich, endlich wieder von Hanne Söhnker zu erzählen. Und über unser Wiedersehen. Ich hatte bis zum Frühjahr darauf warten müssen. Warum so lang? Nun, mein Brief kam aus Zehlendorf zurück. Und Hanne? In Biesdorf war ich nicht zu finden. Von Wrexen hat er nichts gewusst.

Unser Deutschland lag in Trümmern. Einen Einzelnen darin zu finden, ließ an die sprichwörtliche Nadel denken, die in einem Heuhaufen schwer zu finden ist.

TELEFON UND POST NACH KRIEGSENDE

In den Nachkriegswirren ist es zunächst nahezu unmöglich, einzelne Personen ausfindig zu machen. Das Nachrichtenwesen ist der Überwachung und den Befugnissen der vier Besat-

zungsbehörden unterworfen. Jede Behörde hat – abhängig von Kriegszerstörungen – eigene Zeitpläne. Nur schrittweise wird der Bevölkerung der Zugang zu Post- und Telefonverkehr zugänglich gemacht. Zunächst örtlich begrenzt, später auf die jeweilige Zone und schließlich auch darüber hinaus ausgedehnt.

DAS WIEDERSEHEN MIT HANNE, von dem es mich, wie gesagt, zu sprechen drängt, hat mich sehr verwirrt. Denn er hat dazu gesagt: »Ein Freund findet raus, dass der andere beim Jugendfunk der Engländer beschäftigt ist, steht überraschend vor der Studiotür … Also: Was ist da schon Besonderes dran?«

Ich habe den Kopf geschüttelt. Und ihn auf den Fehler aufmerksam gemacht: »Ein Überlebender geht den anderen Überlebenden besuchen, da ist etwas Besonderes dran!«

Über diesen Satz hat Hanne frech gegrinst. Und mich in großer Herzlichkeit umarmt. Das war es also: Söhnker'scher Humor! Hat mich auf den Arm genommen.

Die Leute vom Jugendfunk waren von ihm begeistert. Tonmeister, Sekretärin, Regisseur. Alle. Doch lang hat er nicht bleiben wollen. Es gab so vieles, was es uns zu sagen drängte. Und das holten wir nach, in einem Hotel, das dem Hauptbahnhof gegenüber gelegen war. Hannes Zimmer war gemütlich. Groß. Und hatte bequeme Sessel vor dem Fenster. Dem Hotelbesitzer war das zu verdanken. Hanne ist ein jahrelanger Freund von ihm gewesen.

ERSTMAL HABEN WIR GERAUCHT. Und darüber nachgedacht, wo mit dem Erzählen zu beginnen war.

Die Unsitte des Rauchens ist uns aus dem Krieg geblieben. Bei mir hatte es an der Front begonnen. Weil die Gulaschkanone, der Scharfschützen wegen, nicht nach vorne kam, und statt etwas Essbarem was zum Rauchen in die Einmannlöcher geworfen wurde. Rauchen stillte unsren Hunger.

Jahre später habe ich mir das Rauchen abgewöhnt. Doch das steht auf einem gänzlich anderen Blatt. Also zurück zu dem Zimmer Nähe Hauptbahnhof.

AM ENDE DES NACHDENKENS war es Hanne, der unser Gespräch begonnen hat. Vorsichtig. Um mir nicht weh zu tun. Und mit der Vorbereitung einer Frage: »Bei der Kapitulation … oder besser gesagt, bei Beginn des Friedens … hat es in der Presse und von den Radiosendern eine Reihe tragischer Berichterstattungen gegeben über eine SS-Division von Sechzehnjährigen. Jene Division, so hieß es später, ist so gut wie aufgerieben worden.« Er machte eine Pause. Und sagte dann: »Als ich über so unendlich viele Gefallene las, habe ich befürchten müssen, dass du einer von ihnen gewesen bist.«

Er sah mich fragend an.

Ich nickte. »Ja. War ich. Einer von denen.«

»Also doch …« Hanne beugte sich nach vorn. Versuchte, in meinem Gesicht zu lesen. Sagte dann: »Lass mich erklären. Ich hatte bei Liebeneiner angerufen. Aus einem Bauernhaus nahe an der Grenze zu Frankreich. Von dort aus konnte man nach Hamburg telefonieren. Ich bin froh gewesen, mit Wolfgang in seinem Haus an der Elbchaussee sprechen zu können. Denn neben Wichtigem und Neuigkeiten hat er mir gesagt, dass du lebst. Aber über die Nibelungen hat er nichts verlauten lassen.«

»Konnte er nicht. Ich hab ihm nicht davon erzählt.«

»Verstehe. Du hast nicht davon sprechen können. Ich meine … von dem, was mit dir gewesen ist. An der Front.«, sagte Hanne.

»Nein. Hab's nicht können.«

Er machte ein paar Schritte durch den Raum. »Soll ich aufhören damit?«, kam seine Frage leise. »Wollen wir von etwas ganz anderem reden?«

»Nein, Hanne. Setz dich hin. Du musst erfahren, was mir zugestoßen ist.«

Er sah sich um. Vermied den bequemen Sessel. Holte sich einen Stuhl, der vor dem Schreibtisch stand.

Und ich fing an zu sprechen. Von meinen Ängsten an der Front. Vom Spähtrupp. Und dem Nicht-schießen-Können. Vom Kriegsgericht … Und dann jedoch … Rettung! Wundersam. Als hätte mir das Schicksal beigestanden. Manchmal denk ich so.

Hanne saß steif wie ein Stock vor mir, als ich geendet hatte. Regungslos. Die Augen schmerzhaft fest geschlossen. Seine Lippen … ein schmaler Strich.

»Von hier an, Hanne«, sagte ich, »hab ich Gutes zu berichten. Weil … ich hab mich aus dem Staub gemacht. Bin desertiert. Die Berge rauf. Da gab es keine Deutschen mehr. Irgendwann gab's auch unten keine mehr. Klarerweise bin ich runter in das Tal. Als ein Amerikaner meine Waffe wollte, hab ich sie ihm gegeben. Der Krieg war für mich aus.«

Hannes schwerer Atem verriet mir, was er dachte. Er fühlte sich schuldig. Weil er mich vor dem Fronteinsatz nicht hat bewahren können.

Und so ähnlich hat er es auch gesagt. »Wenn du gefallen wärst – ich weiß nicht, Junge, was ich dann …«

Es schien mir an der Zeit, die Sache zu beenden: »Ich bin nicht gefallen, Hanne! Lass deine Augen jetzt mal 'ne Weile schön weit auf.«

Über den Satz … meinen eigenen … habe ich gelacht. Wie mir das gelungen ist, weiß ich bis heute nicht. Aber es gelang. Hat dem Hanne gutgetan. Und weil es so war, habe ich von ihm zu sprechen begonnen. Von Hanne. Und von dem Captain im Lager von Lofer. Dem ich hatte sagen wollen, dass es auch gute Deutsche gibt. Einen Schauspieler beispielsweise, der Mittel und Wege gefunden hat, jüdische Mitbürger zu schützen und in die Schweiz zu bringen.

Als ich sah, wie mein Gegenüber abwehrend die Hände hob, habe ich schnell gesagt: »Ich hab's ja nicht getan, denn der Amerikaner hätte mir nie geglaubt, sondern die Geschichte als einen lügnerischen Versuch angesehen, meine Haut zu retten.«

»Genauso ist es«, warf Hanne ein. »Denn der Captain hätte gar nicht anders denken können, weil er hat hören müssen, was ich hab hören müssen. Von Deutschen und

Österreichern, nämlich dass sie keine Nazis gewesen sind! Dass sie immer gegen Hitler waren. So haben sich diese Lügenbolde gebärdet. Du glaubst es nicht, Junge! Du wirst es niemals glauben! Ich kann dir gar nicht sagen, wie angewidert ich von denen bin. Und dem Captain wird es kein bisschen anders gegangen sein.«

Ich stimmte ihm zu, denn im Lager hatte ich andere Gefangene auch so reden hören; dann hat Hanne verlangt, dass wir beide uns ein Versprechen geben müssen:

»Was wir getan haben, Abbi, du und meine Helfer«, hat er gesagt, »ist etwas gewesen, das jeder Mensch für einen anderen tun muss, der in Not geraten ist. Man tut's. Schluss, aus. Und redet nicht darüber.«

Er streckte mir die Hand entgegen. »Versprochen?«

Ich ergriff die Hand und nickte.

Ein wenig später an dem Vormittag hat Hanne wissen wollen: »Dieser Captain damals in dem Lager, wie hat der auf dich, einen Sechzehnjährigen, reagiert?«

»Er hat mich aus seinem Lager fliehen lassen.«

Hanne sagte bewundernd: »Klasse, der Mann!«

DER VORMITTAG GING MIT EINEM MAHL ZU ENDE, das für mich festlich war. Hannes Freund, der Hotelbesitzer, hat uns eingeladen: »Rein in das *chambre séparée*. Weil dann kein anderer in dem Zimmer ist, der sehen kann, was auf euren Tellern liegt.« Rumpsteak nämlich und Bratkartoffeln. Die aber, mit Zwiebeln und mit Speck, so gut wie ganz früher zu Hause gewesen sind. Und wie ein

Steak aussah, wusste ich schon seit einer Ewigkeit nicht mehr. Gewundert habe ich mich aber, weil der Hotelier keine Lebensmittelmarken von uns haben wollte. Ich sagte zu Hanne, das treffe sich gut, weil ich keine hätte.

»Was? Keine Marken?«, wollte Hanne wissen, »wie kommt denn das?«

»Weil ich Statist bin von Beruf.«

»Du meinst, die Tommys sehen Statisten nicht als arbeitende Leute an, die essen müssen?«

»So ist es, Hanne.«

»Das ist unglaublich!« Er war empört.

»Wenn dich das schon ärgert«, habe ich zu ihm gesagt, »dann frag mich mal, wie der Stadtkommandant den Beruf des Schauspielers definiert.«

»Wie?«

»Der Beruf des Schauspielers besteht aus leichtem Hin- und Hergehen auf der Bühne.«

Hanne lachte. Aber ärgerlich.

»Du weißt ja, dass es verschiedene Kategorien Lebensmittelkarten gibt«, sagte ich, »von wenig Essen bis ziemlich viel, gestaffelt nach Beruf.«

Hanne meinte, er wisse das. In der französischen Zone beispielsweise würden Kumpel vom Kohlebergwerk die beste Kategorie bekommen. Er schüttelte den Kopf. »Lachhaft!«

Hanne holte zögernd Luft. »Wenn ich recht verstehe«, meinte er besorgt, »hast du nichts zu essen …«

»Doch. Rote Beete. Und zwar täglich … Weil's dieses grässliche Zeug ohne Marken gibt. Manchmal kriege ich aber auch Kartoffelsuppe. Von einer Kellnerin, der ich gefalle.«

»Halt dir die Dame warm.« Sein Gesicht war ernst geworden.

»Das tu ich auch. Frag mich mal, womit!«

»Womit?«

»Mit Vergnügen.« Nach den zwei Worten kam wieder Freude bei ihm auf. Doch auch etwas Sorge. »Aber davon kannst du doch nicht leben …«

»Tu ich auch nicht. Weil ich einen Lieblingsonkel hab. Albert ist sein Name. Und er lebt in Johannesburg. Südafrika. Und von da aus erhält er mich am Leben.«

Hanne verstand sofort: »Mit Paketen, die er schickt.«

»Das tut er. Jeden Monat eins. Schinken in einer großen Dose. Knäckebrot. Reis. Nudeln. Käse. Schokolade. Ganz herrlich ist das alles. Aber was ich an Onkel Albert besonders finde: Er lässt es sich nicht nehmen, die Pakete selbst zu packen. Auch zur Sammelstelle vom Roten Kreuz fährt er es hin, und wenn's erstmal in Hamburg ist, hole ich's mir im Konsulat der Buren ab.«

Hanne zeigte sich beeindruckt, aber ich erzählte ihm noch von Mutter und von Wrexen und den Tagelöhnern und den Schweinen in den Ställen und schloss die Sache mit: »Wenn die Paketpost erstmal wieder funktioniert, werde ich mit zwei Fresspaketen jeden Monat die beste Partie unter den Statisten des Schauspielhauses sein.«

Hannes Freund, der Hotelier, hatte alles mit angehört. Er klatschte in die Hände, rief: »Herrlich, diese Geschichte, wahrhaft herrlich!«, und ließ unser Mittagsmahl in das separate Zimmer bringen.

Es wurde daraus ein wahres Fest, aber dann ging alles schnell zu Ende. Viel zu schnell, und Hanne musste fort.

Ich habe ihn noch zur Bahn gebracht. Sein Zug ging nach Berlin. Ob nur zu der neuen Grenze oder weiter durch in Richtung Osten, das wusste keiner.

Hanne stand am Fenster.

Ich habe ihm mit beiden Händen zugewinkt.

Und ihn danach dann sehr vermisst.

ALS DER INTENDANT AUS HANNOVER Zuckmayers *Berberitzche* wegen in den Theatersaal gekommen ist, geschah etwas Wichtiges. Ich mache mir mal den Spaß und drücke es auf diese Weise aus: Er kam, sah – und ich siegte. Ein ungelernter Schauspieler wurde unter Vertrag genommen! An der Niedersächsischen Landesbühne. Für die Spielzeit 1946/47. Mein Aufgabenbereich war ein doppelter. *Correction:* Mein Rollenfach war ein doppeltes. So heißt das am Theater. Rollenfach. Die Bezeichnung des einen nannte sich *Naturbursche*. Die des zweiten *Jugendlicher Komiker.*

Als Spielstätte hatte die Stadt Hannover der Landesbühne ein kirchliches Gemeindehaus zur Verfügung gestellt. Das Gebäude stand in einem ausgedehnten Trümmerfeld. Die Bühne war klein. Die Garderobe dagegen groß. Mittendrin stand ein Herd, weil dort vor dem Bombenkrieg für die Gemeinde Mahlzeiten zubereitet wurden. Eine zweite

Garderobe gab es in dem Gebäude nicht. »Männlein und Weiblein«, wie der Inspizient sich Neuankömmlingen gegenüber auszudrücken pflegte, hatten sich den Raum zu teilen. Ältere Leute im Ensemble gewöhnten sich im Lauf der Zeit daran. Bei jungen Frauen ging es etwas schneller.

Zu denen habe ich gesagt: »Ich finde euch alle wunderschön. Aber wenn ihr wollt, dreh ich mich um.« Die Antwort kam von unsrer Komikerin: »Wer sich an unserem Anblick labt, braucht sich nicht umzudrehen.«

Gut die Hälfte aller Aufführungen fanden in Hannover statt. In andere Städte des Landes Niedersachsen brachte uns ein Autobus. Sein Motor wurde von einem Holzkohleofen befeuert. Die Dekoration hing hinten an dem Opel dran. Der Hänger sah recht mitgenommen aus.

Wir spielten da, wo's eine Bühne gab. Oder was sich Bühne nannte. Mal war es ein Ballsaal, mal eine Kneipe. Wir Schauspieler waren gehalten, die Bühnenbilder auf- und abzubauen.

Die Städte waren stets solche, die nicht zu sehr zerbombt gewesen sind. Wie beispielsweise Lüneburg. Uelzen. Lamspringe. Hameln. Einige andere. Ein richtiges Theater hatte uns die Stadt Celle anzubieten. Es war das schönste weit und breit.

Das Publikum hatte sich meist auf uns gefreut. Besonders dann, wenn wir etwas zum Lachen spielten.

Woran ich aber mit großer Wärme denke, das waren die Regisseure dieser Landesbühne. Sie haben den Grundstein gelegt für den Schauspieler, der ich ein Leben lang gewesen bin.

Was ich nicht vergessen darf, ist dies: Ich hatte eine Lebensmittelkarte! Für Schaupieler gab es die in Hannover.

LEBENSMITTELKARTEN
Zur Versorgung mit Grundnahrungsmitteln gaben die Besatzungsbehörden Lebensmittelkarten aus, die festlegten, wer wie viel kaufen durfte. Die Karten wurden alle vier Wochen verteilt und waren unterschiedlich gefärbt – nach Schwere der Arbeit. In der Bundesrepublik wurden sie 1950 abgeschafft, in der DDR acht Jahre später.

AUF DIESEN SEITEN EIN BILD ZU MALEN, das Arbeit und Leben bei einer kleinen deutschen Bühne zeigt, erschien mir wichtig. Doch wie es an anderen Bühnen mit mir weiterging, erwähne ich nur am Rande. Dies ist ein Buch, das davon erzählt, wie das Schicksal eines Einzelnen ganz nahe am Schicksal seiner Nation abzulesen ist. Zumindest auf weiten Strecken. Eine Autobiographie entsteht auf diesen Seiten nicht. Erwähnt werden muss lediglich, dass mein Leben an anderen Bühnen weiterging. Zunächst wieder in Hamburg. Dann Berlin. Die Theaterferien habe ich in Wrexen zugebracht. Mutter war glücklich. Auch wenn sie mich nur abends sah. Tagsüber ging ich kaum aus meinem kleinen Zimmer heraus. Es hatte mich gedrängt, das Tippen auf der Adler endlich wieder aufzunehmen. Das Lesen guter Bücher aus den Eisenkisten hat mich dabei auf einen neuen Weg gebracht. Und so ist es gekommen, dass ich am Ende des Sommers den Mut aufbrachte, die eine oder andere Geschichte für vorzeigbar zu halten. Damit meine ich: für Felix Jud vorzeigbar zu halten. Eine davon hat ihn veranlasst, an mein Talent zu glauben.

»Von dir kommt sicher irgendwann einmal Gutes«, hat er gesagt. »Was du aber brauchst, ist Übung. Schreiben ohne Unterlass.« Dann hat er noch hinzugefügt: »Gib mir alles, was du schreibst. Wenn du gut genug bist, sag ich's dir.«

Eine Geschichte, die Felix ganz gut gefallen hatte, ist die Nacherzählung eines unvergesslichen Erlebnisses gewesen. Anfang 1945. Auf dem Weg zum Fronteinsatz ist sie mir widerfahren, im Schwarzwald. Der Ort heißt Todtnau. Der Bataillonskommandeur hatte uns zu früh nach Todtnau einmarschieren lassen. Bei Tageslicht. Und das hatte den Beamten der Reichsbahn nicht gefallen. Wegen der Tiefflieger der Amerikaner. Bei Tageslicht haben die nämlich alles angegriffen, was auf einer Schiene rollte. Also hat die Reichsbahn erst nach Dunkelheit die Fahrt zur Donau wagen wollen. Und deshalb lag an jenem Tag unser Bataillon am Bahnhof rum. Die Frauen von Todtnau hatten mitbekommen, dass Soldaten, die eigentlich noch viel zu jung für Kriegseinsätze waren, den Alliierten am Donaubogen entgegengeworfen werden. Und so kam es, dass Mütter mit ihren Töchtern die Buben nach Hause holten, zu Spiegelei und Bratkartoffeln, und erst bei Einbruch der Dunkelheit mussten die Jungen wieder am Bahnhof sein.

Ich war als einziger nicht mitgegangen. Einen ganzen Nachmittag das Mitleid besorgter Frauen zu durchleben, ist nichts gewesen, was ich mir hatte antun wollen. Doch dann kam alles anders. Und wie das war, habe ich in Wrexen aufgeschrieben. Felix hat die Seiten aufbewahrt. Und die Geschichte geht nun so:

ICH LIEGE AUF DER STEILEN BÖSCHUNG eines Bahngeländes. Papier und Konservendosen wachsen aus braun verdorrtem Gras an Stellen, die sonst für Blumen sind und dort schon bald auch wieder sprießen werden. Das heißt, wenn nichts dazwischenkommt.

Eine verschleierte Sonne tastet meinen Rücken ab und macht mich ein wenig warm. Nur meine Hand, die den Bleistift hält, ist noch immer kalt.

Die Offiziere haben uns befohlen, einen Brief nach Hause zu schreiben. An die Eltern, und der letzte Zug, der Post mitnimmt, sagten sie, geht morgen früh. Ich frage mich, wie kann man auf Befehl hin Briefe schreiben? Und selbst wenn es gelingt, darf ja keiner schreiben, was er denkt.

Donnerstag …

An dieser Stelle war ein Schatten auf mein Papier gefallen. Gestern. Danach hatte ich eine Frau sagen hören: »Willst du denn ganz allein am Bahndamm sein?«

Ich drehte mich um und blinzelte nach oben. Immer wenn ich gegen so einen milchig-grell-grauen Himmel sehen muss, schießt mir das Wasser in die Augen, und das ärgert mich.

Ich weiß, dass ich beim Aufsatzschreiben Vergangenheit und Gegenwart stets durcheinanderbringe. Mit diesem Tagebuch geht es mir ebenso. Eines Tages werde ich die Fehler in diesem Tagebuch verbessern, aber jetzt scheint mir das nicht wichtig. Jetzt ist nur eines wichtig: diese Frau! Weil sie jetzt in meinem Leben ist! Und weil sie es nicht verhindert hat, dass ich in den Viehwaggon gestiegen bin, zu den anderen Jungs!!!

Am Abend von dem Tag von gestern hat sie mit angesehen, wie meine Tränen innen liefen. Danach ist der Zug die Nacht hindurch gerollt.

Und jetzt ist heute. Mein Rücken lehnt an einem Baum. Ich hocke am Rand von einem Wald. Über einer gelben Wiese. Der Hauptfeldwebel sagt, der Fluss da vorne, weit unter uns, ist die Donau. Das Dorf im Westen heißt Wexdorf, sagt der Hauptfeldwebel, und die Amerikaner werden nicht lange auf sich warten lassen. Jetzt aber erst noch mal zu gestern.

Die Frau am Bahndamm hatte weite Hosen an. Ihr grauer Pullover war dick gestrickt. Zopfmuster heißt die Art. Ich hatte auch mal einen. In der Kaserne haben sie ihn mir abgenommen.

Ich weiß nicht, wie ich schreiben soll, dass sie schön ist, diese Frau von gestern. Sehr, sehr schön. Eine Dame! Große Augen, glaube ich. Dunkle Haare. Und die Lippen hat sie nicht geschminkt.

Ich stehe auf, und die Dame sagt: »Du siehst traurig aus.« Sie hat Falten auf der Stirn. Es sind sehr schöne Falten. Sie sieht auf mein Oktavheft und lächelt zu mir her: »Was tust du hier so ganz allein? Zeichnen?«

»Nein«, sage ich. »Schreiben.«

»Du könntest morgen weiterschreiben«, sagt sie. »Oder an dem Tag danach.«

»Ja«, sage ich und denke: auch nächstes Jahr oder gar nicht mehr.

»Alleinsein ist nicht gut«, sagt sie. »Ich weiß, wovon ich spreche.« Dann gibt sie mir die Hand: »Zieh mich hoch«, sagt sie, »die Sohlen meiner Schuhe sind aus Holz. Wenn du mir nicht hilfst, kann ich dich nicht mit zu mir nach Hause nehmen.« Ich greife nach ihrer anderen Hand und ziehe sie die steile Böschung hoch. Oben, am Rand von einer Wiese, sagt sie: »Danke. Und du kannst mir meine Hände wiedergeben.« Ich frage mich, ob sie wohl hört, wie laut mein Herz jetzt schlägt.

Ein Stück weiter gibt es einen Pfad mit Kies. Die Dame lacht mich an. Geht vor mir her. Auf der Straße durch den Ort sehe ich, dass sie großgewachsen ist. Größer als ich. Macht nichts. In ein paar Jahren wird das anders sein. Soweit ich weiß, wächst man noch bis einundzwanzig.

In den Gassen dieser kleinen Stadt begegnen wir nur selten anderen Menschen. Wer vorbeikommt, sagt »grüß Gott« und lächelt nicht.

Von meinen Kameraden ist weit und breit keiner zu sehen. Hoffentlich guckt wenigstens einer mal aus dem Fenster. Wenn ja, dann pfeift er leise durch die Zähne. Reibt sich die Augen. Weil er meine Dame sieht.

Sie bewohnt zwei Zimmer in einem Haus, das grau und hässlich ist. In der Flurgarderobe hänge ich alles auf, was ein Soldat besitzt: Koppelzeug, Brotbeutel, Gasmaske und Bajonett, den langen Wintermantel, die Schirmmütze und den Stahlhelm. Der Karabiner 08 kommt in die Ecke.

Die Dame stößt eine Tür auf, die sicher einmal weiß gewesen ist, jetzt aber sehr viel Farbe braucht. Ich glaube, überall in Deutschland brauchen Türen und Fenster Farbe.

»Mach's dir im Wohnzimmer bequem«, sagt sie. »Ich richte mich ein wenig her.«

Ein Kanonenofen hält das Zimmer mühsam warm. Die Möbel passen nicht zusammen. Sie wirken wie bei anderen Leuten abgeholt, weil Bomben und Brände alles flachgemacht haben, was vorher einmal Großstadt war. Die Dame sieht mir nicht so aus, als hätte sie mal auf dem Land gelebt.

An allen Wänden hängen Bilder. Ein Kunstbild nur, doch daneben Fotos. Viele. Und auf allen ist derselbe Mann zu sehen. Einmal steht er in der Badehose an einem hellen Strand. Dann ist er Soldat. Manchmal Offizier. Mal sitzt er auf einer Kanone und lacht, mal hat er Blumen in der Hand. »Einmarsch in Paris«, steht unter diesem Bild. Eines ist bei einem Fotografen gemacht worden, das kann man deutlich sehen. Der Mann ist Major mit vielen Orden. Er sieht ernst in die Kamera. Seine Augen sagen mir nichts, weil sie schwarz sind. Sehr sogar. Auch die Haare sind schwarz, mit einem schnurgeraden Scheitel, der wie eine weiße Narbe durch all das Schwarze geht.

In dem Zimmer wird es mir zu eng. Ich laufe auf den schmalen Korridor hinaus und seh die Dame in der Küche beim Kartoffelschälen. Sie erlaubt mir, ihr zu helfen. Ihre Hände sind so schön wie ihr Gesicht. Allerdings ein wenig rot an allen Knöcheln.

Wir essen in der Küche. Was wir essen, weiß ich gar nicht mehr. Ach ja, doch: Kartoffelsalat mit Würstchen. Wir reden nicht sehr viel. Nach dem Essen fragt sie mich: »Wie alt bist du?«

»Fünfzehn«, sage ich, »im Sommer sechzehn.«

»Lass uns auf den nächsten Sommer trinken«, sagt die Dame. Sie nimmt eine Flasche Zwetschgenwasser aus dem Küchenschrank. Ich hatte bisher nur einmal Schnaps getrunken. Auf der Hochzeit meiner Schwester. Aber das sage ich der Dame nicht, sondern nehme das Glas und schütte die klare Flüssigkeit mit einem Ruck nach hinten weg. Es wird mir warm im Magen. Heiß. Herrlich. Wunderbar.

Sie setzt sich wieder auf den Küchenstuhl. »Du machst ein Gesicht, als hättest du Gift getrunken.«

»Schmeckt auch so«, sage ich. »Der Mann auf den Fotos in der Stube – ist das Ihr Mann?«

»Ja«, sagt die Dame leise.

»Trinkt er Schnaps, ohne sich zu schütteln?«

»Ja«, sagt sie. »Er trinkt neuerdings sehr viel. Dabei kann er so gut wie nichts vertragen. Vielleicht sollte ich dir von ihm erzählen.«

Ich will gar nichts von ihm hören, aber ich sage: »Tun Sie das nur.«

Sie nickt. Erzählt. Niemals nennt sie seinen Namen. Wenn sie sagt: »Er hat das getan«, oder: »Jenes wurde ihm abverlangt«, würde ich gern versinken. Sie merkt es nicht.

Das muss ein wunderbarer Mann sein, dieser Mann. Anfangs ging es nicht recht vorwärts, doch dann trat er ein, in die Partei. Von da an ging's bergauf. Im Grunde ist er Mathematiker, Militärmathematiker, Taktiker, Denker, Schachspieler mit Soldaten. Ein Mann, der weiß, was er beschützt. Und wen er anzugreifen hat. Er weiß ja auch, warum. Nur sie, seine Frau, weiß das nicht immer. Wenn sie aus den Fenstern seiner Kaserne schaute, sah sie die raureifbedeckten Bäume rings um den Exerzierplatz herum. Er hingegen sah nur die Soldaten. Trotzdem. Er ist ein wunderbarer Mann. Wirklich. Sie hat Kunstgeschichte studiert und Literatur. Bis zur Hochzeit. Danach gab es gesellschaftliche Pflichten. Auch jene Zeit war schön. Bälle mit den jungen Fähnrichen des Mannes. Unbeschwerte Sommertage, als sie noch nicht wissen konnte, wohin dies Leben einmal führt. Sie war verwirrt, als ihr Mann erklärte, der Krieg sei gut und nicht mehr zu vermeiden. Anfangs gab es Siege. Später Bomben. Was einmal schön gewesen war, wurde nur noch still. Einsam. Grau. Ja. So war das gewesen. Ich seh, wie sie ihren Kopf zur Seite legt.

Sie hat alles zu sich selbst gesprochen und ist dabei ganz klein geworden auf dem Küchenstuhl. Weint sie jetzt? Nein, das wohl nicht.

Ich bin müde. Die Angst ist wieder da. Mir ist übel. Vielleicht verreckt der Major jetzt irgendwo. Auch ich mag Bäume, die voller Raureif sind. Besonders, wenn eine flache gelbe Sonne sie bescheint. Ob ich ihr das sagen soll? Nicht nötig. Sie merkt ja gar nicht mehr, dass ich in ihrer Nähe bin. Gott, ist mir übel!

»Verzeihen Sie«, sage ich in die schweigende Küche hinein, »aber es wird Zeit für mich.«

Ich gehe über den engen Korridor und sammle alle Dinge ein, die ein Soldat herumzuschleppen hat. Die Hände der Dame legen sich auf meine Schultern. Sie dreht mich zu sich um. Ihre Augen sind mir nah, kommen näher, immer näher und verschwimmen. Ein Hauch legt sich auf meinen Mund. Ihr Mund. Auf meinen Lippen, die noch spröde sind von der letzten Wache in einer kalten Nacht, wandern spielend diese anderen Lippen. Weich und zart. Die Lippen fragen, verhalten, fordern, drängen, öffnen.

Und geben.

Mir ist wie sterben.

Und dann ist es vorbei, so unverhofft, wie es begann. Ich stehe mit dem schweren Militärzeug zwischen meinen Fingern und mag die Augen nicht mehr öffnen.

Mein Herz schlägt harte, schnelle Schläge durch den Kopf.

Mehr von dem Glück! Mehr! Bitte mehr!

Nichts. Das Schweigen sagt, auch Glück kann sterben.

Große Augen lächeln. Werden traurig. Eine Hand streicht durch mein Haar.

Der Lederriemen mit Gasmaske, Brotbeutel, Bajonett wiegt Zentner. Der Haken, an den ich alles hängen will, ist hoch. Ich muss mich recken.

»Was tust du?«, fragt die Dame leise.

»Ich bleibe hier«, sage ich zu ihr. »Zum Bahnhof kann ich jetzt nicht mehr zurück.«

Raureif auf den Bäumen.

Selbst im Sommer werde ich ihr Bäume silbrig malen.

»Mein Gott«, sagt die Dame. Die Hände mit den roten Knöcheln bedecken ihr Entsetzen auf dem Mund. »O du mein Gott.«

Ich warte, dass sie weiterspricht. Sie braucht viel Zeit für Worte, die mir sagen, was aus mir denn werden soll.

»Ich darf dich nicht bei mir behalten.«

»Warum nicht?«, frage ich.

»Am Bahnhof werden sie abzählen. Ein Soldat wird fehlen. Sie werden sehr schnell wissen, dass du es bist, der fehlt. Sie werden dich suchen. Und dich finden. Sie haben bisher noch jeden finden können. Und dann? Weißt du, was dann mit uns geschieht? Mit uns beiden? Du kannst es dir kaum denken.«

O doch, ich kann es mir denken. Ich habe es sogar gesehen. Die Männer hingen an Laternen. Sie trugen Schilder um den Hals. »Ich bin ein Deserteur«, oder: »Dieses Schwein hat den Führer verraten.« Wer die Toten von den Stricken schneiden wollte, wurde selber aufgeknüpft. Was sie mit den Frauen machen, hab ich nicht gesehen. Es heißt, sie würden kahlgeschoren. Vor allen Leuten in dem Dorf.

Ich ziehe mir den Mantel an und schnall das schwere Koppel um. Ich bin eine Nummer. Die Nummer baumelt auf der Blechplakette unter meinem Hals. Da werd ich wohl zum Bahnhof gehen und so wie die anderen beim Abzählen sein. Und wenn der Viehwaggon dann ruckend anfährt, find ich hoffentlich eine Ecke für den Schlaf.

»Ich bin müde«, sage ich. »Womöglich liegt das an dem Schnaps.«

»Bitte versuche nicht, ein Held zu sein«, hör ich ihre Stimme sagen. »Männer sind zu Helden nicht geboren. Sie werden nur dazu gemacht. Oder sie wollen sich selbst beweisen, wie großartig sie sind. Du aber … Ich möchte gerne, dass du lebst. Hörst du? Lebst!«

»Ja«, sage ich, »und ich würde Sie gern wiedersehen.«

In der Tür küsst sie mich ein zweites Mal. Es ist nicht wie vorher. Aber es ist gut.

»Du bist noch so unendlich jung«, sagt sie. »Die Welt ist voller Mädchen. Versprich mir, dass du leben willst.«

»Ja«, sage ich und steige vor ihr die Treppe runter.

Auf der Straße schweigen wir. Von überall strömen Soldaten auf den Bahnhof zu.

»Wir haben uns nicht mal unsere Namen gesagt«, fällt mir plötzlich ein.

»Nein«, sagt sie. »Es war wohl keine Zeit dazu.«

Ich muss zwei Unteroffiziere grüßen. Sie beachten mich kaum. Die Stimme des einen hallt durch die Straße. »Nach all der Ziererei – was meinst du? Das Luder konnte nicht genug bekommen.«

Es will schon dunkel werden, als wir am Bahnhof sind. Hunderte von Soldaten stehen überall herum, sind bereits da, und noch mehr Frauen, noch mehr Mädchen.

»Namenloser«, sagt sie. »Sei kein Held.«

Ich seh zu ihr hoch. Vor meinen Augen ist ihr Mund.

»Versprochen?«, fragt sie.

»Versprochen.«, sage ich.

Wir werden auf Befehl getrennt.

Abzählen.

Namen rufen.

»Hier« schreien.

Verladen.

Es ist ein großer Viehwaggon. Ich erkämpfe mir einen Platz in der offenen Schiebetür. Halte mich am Balken fest. Schulmädchen singen. Ihr Dialekt ist fremd. Eingehüllt in den Gesang steht die Dame, die ich nicht verlassen will. Sie singt nicht mit. Ihr Mund ist still. Der Zug ruckt an. Ich schwanke in der Tür. Wir rollen. Wo ist sie? Ach ja, dort. Da hinten. Unbewegt. Aufgerissene Mädchenmünder singen dieses Schwarzwaldlied. Im letzten Licht des Tages wird das Gesicht der Dame grün. Grau. Sieht verwaschen aus. Zuerst entschwindet mir ihr Mund. Dann die Augen. Die dunklen Haare sind für kurze Zeit noch da. Wie der Rahmen um ein schönes Bild. Dann ist sie nicht mehr zu erkennen. Sie wird zu einer von den vielen. Verschluckt von der Menge.

Ebenso wie ich.

DIES WAR ES ALSO, WAS ICH MIT SIEBZEHN geschrieben habe. Mein Freund Felix fand die Geschichte gut. Doch noch nicht gut genug. Danach ist sie in Vergessenheit geraten. Beim Umzug von Hollywood in die Berge Kaliforniens fiel sie mir mit anderem Vergessenen in die Hände. Ich habe eine Rahmenhandlung um sie herum geschrieben und ihr den Titel »Ein Frühlingstag wie kaum ein anderer« gegeben. Im Jahr 2007 hat sie neben anderen Geschichten Eingang in meinen Erzählband *Die andere Seite der Sonne* gefunden.

Zu der Zeit lebte Felix schon lange nicht mehr. Der Gedanke an ihn, jetzt, beim Schreiben dieses Buches, bringt die Erinnerung zurück, welche Bedeutung Felix in vielen Phasen meines Lebens hatte. Nehmen wir nur einmal das politische Bewusstsein, das er mich lehrte, und den klaren Blick auf Ereignisse um mich herum, die nicht spurlos an mir vorübergehen sollten. Beispielsweise:

DIE KONFERENZ VON POTSDAM war ein Ereignis von historischer Bedeutung. Nicht nur für mein Land. Ebenso für mich. Von Ende Juli 1945 bis Anfang August fand die Konferenz statt. Und ich bin ganz nah dran vorbeigekommen. Auf dem Weg zu Mutter im Osten von Berlin. Gehört von dem Ereignis habe ich jedoch erst im Winter drauf. Als ich bei Felix in der Bücherstube war.

»Im Schloss Cecilienhof haben sie sich getroffen, die drei Großen«, hat er mir erzählt. »Truman, Churchill, Stalin. Deutschland wurde in vier besetzte Zonen aufgeteilt. Denn es musste ja verwaltet werden. Dies jedoch mit dem Ziel, so wurde es festgelegt, zu einem späteren Zeitpunkt eine zentrale demokratische deutsche Regierung entstehen zu lassen.«

Die Augen des Buchhändlers leuchteten, als er weitersprach. »Wenn du denkst, Kapitulation, Trümmer, und es gibt bereits den Gedanken an ein gänzlich neues Land. An eine neue Demokratie! Wenn auch noch in weiter Ferne. Doch immerhin! Hoffentlich wird etwas draus.«

So hat's begonnen, dass er mir einen klaren Blick beigebracht hat. Ich sehe mich als Glückskind an, Felix Jud zum Lehrmeister gehabt zu haben.

POTSDAMER KONFERENZ

Vom 17. Juli bis 2. August 1945 findet im Schloss Cecilienhof die »Potsdamer Konferenz« statt. Am Verhandlungstisch sitzen die Vertreter der drei alliierten Siegermächte, also Sowjetunion (Stalin), USA (Truman) und Großbritannien (Churchill, später dann sein Nachfolger Attlee). Deutschland soll demokratisiert, entmilitarisiert und entnazifiziert werden. In der Reparationsfrage finden die Siegermächte einen Kompromiss, zudem wird die Oder-Neiße-Linie als Ostgrenze von den Westmächten vorläufig anerkannt. Ein weiterer Punkt betrifft die Vertreibung der Deutschen aus den einstigen Ostgebieten, die »in ordnungsgemäßer und humaner Weise« ablaufen soll. Frankreich stimmt den Beschlüssen am 7. August 1945 unter Vorbehalten zu.

FELIX HAT MEIN AUGENMERK bereits recht früh auf einen Mann gelenkt, der ihm Bewunderung abverlangte. Sein Name war Kurt Schumacher. Sozialdemokrat ohne Kompromissbereitschaft. Gegner der NSDAP. Feind der Kommunisten. Hier ist, was ich von Felix über ihn erfuhr:

Bereits zwei Wochen, nachdem Hitler die SPD verboten hatte, ist Schumacher verhaftet worden. Man bot ihm die Freiheit an, wenn er seine politischen Entscheidungen widerrief. Er hat abgelehnt. Zehn lange Jahre war er in den verschiedensten Konzentrationslagern eingesperrt. Sein Körper ist daran zerbrochen. Zu einer Zeit, als die britische Besatzungsmacht das Verbot politischer Parteien noch immer aufrechterhalten hatte, wurde Schumacher in Hannover von sozialdemokratischen Funktionären, die untergetaucht waren, zu ihrem Vorsitzenden gewählt.

»Ein unerschrockener Mann, wie du an seiner Handlungsweise ablesen kannst«, sagte Felix. »Und in den Jahren der Vorbereitung auf die Gründung unserer Republik hat er entscheidenden Einfluss genommen.«

EIN ANDERES MAL KAM FELIX auf einen konservativen Politiker zu sprechen:

»Es geht um Konrad Adenauer. Einen Mann von der Christlich Demokratischen Union. Wie du weißt, ist die ein Bündnis eingegangen mit den Bayern, mit der Christlich Sozialen Union.

In der Zeit der Weimarer Republik ist seine Partei die Zentrumspartei gewesen. Diese hatte zwar geschlossen für das von Hitler gefälschte Ermächtigungsgesetz gestimmt, Adenauer jedoch war nicht Mitglied des Reichstags und hat demzufolge nicht mitgestimmt.

Aus dem Amt des Oberbürgermeisters von Köln ist er kurz nach der Machtergreifung von den Nazis entlassen worden und hat bis 1945 mit reduzierter Rente als Pensionär gelebt.«

Dann fügte er noch an: »Wenn ich es richtig sehe, nimmt Konrad Adenauer in der Zeit der Vorbereitung auf die Gründung unserer Republik für die CDU/CSU die gleiche Bedeutung ein, die Kurt Schumacher bei der SPD übernommen hat.«

HANNE MELDETE SICH ab und an, sobald die Telefone wieder etwas besser funktionierten. So auch an einem warmen Sommertag, als sich die USA und Großbritannien darauf geeinigt hatten, ihre Besatzungszonen zu vereinigen, und dasselbe mit ihren Sektoren in Berlin zu tun. Das Ergebnis nannte sich *Zweizonen-Wirtschaftsrat*. Hanne hingegen nannte es begeistert *das erste neudeutsche Parlament*. Besorgt zeigte er sich allerdings über die Absicht der Amerikaner, eine deutsche Teilrepublik zu gründen. »Das«, so sagte er, »nimmt Stalin nicht ohne Reaktion hin.«

DIE NÄCHSTEN ZWEI JAHRE flogen nur so dahin. Felix fieberte der Gründung unserer Republik entgegen. Dies fand in mehreren Schritten statt.

ERSTER SCHRITT ZUR GRÜNDUNG DER REPUBLIK
Am 1. September 1948 tritt in Bonn der Parlamentarische Rat zusammen. Seine Aufgabe ist es, eine Verfassung für den westdeutschen Staat auszuarbeiten und ein Grundgesetz zu entwerfen. Die Mitglieder des Parlamentarischen Rates werden gestellt von CDU/CSU und SPD mit jeweils 27 Abgeordneten, die FDP bekommt 5 Sitze, je 2 erhalten DP, KPD und Zentrum. Wesentlichen Anteil an der Ausarbeitung des Grundgesetzes haben Carlo Schmid und Konrad Adenauer. Neben den 61 männlichen Mitgliedern wirken nur vier Frauen an der Gestaltung des Grundgesetzes mit. Die SPD-Politikerinnen Selbert und Nadig setzen gegen heftigen Widerstand die Aufnahme des Satzes durch: »Männer und Frauen sind gleichberechtigt«.

ZWEITER SCHRITT
Der Parlamentarische Rat beschließt am 8. Mai 1949 mit 53 gegen 12 Stimmen das Grundgesetz.

DRITTER SCHRITT
Am 23. Mai 1949 wird alles Beschlossene in Bonn feierlich verkündet und unterzeichnet.

IN DER BÜCHERSTUBE wird gejubelt. In Zehlendorf atmet einer auf: Am 23. Mai 1949 ist die Bundesrepublik Deutschland gegründet worden!

»GEH PLAKATE KLEBEN!«, rief Felix mir zu, »die erste Wahl in deinem Leben verlangt deine Mitarbeit.«

Ich ging kleben. Für die SPD, in Gedanken an Schumacher. Und erlebte ganz begeistert Wahlkampf. Auch das zum ersten Mal in meinem Leben. Die drei starken Parteien waren CDU, CSU und SPD. Sie griffen einander täglich mit harten Worten an.

Adenauer behandelte Schumacher, als wäre er Kommunist. Obgleich es doch landesweit bekannt gewesen ist, dass er es während seiner Jahre im KZ abgelehnt hatte, mit kommunistischen Insassen auch nur zu sprechen.

Der Sozialdemokrat wiederum stellte in seinen Reden der katholischen Kirche ein schlechtes Zeugnis aus. Und so ging es täglich weiter. Schumacher forderte vehement das Ende der Besatzungszeit und die deutsche Einheit. Adenauer hingegen wollte die Anlehnung an Frankreich und den Westen.

In den Kämpfen fielen unschöne Sätze vom einen Spitzenkandidaten zum anderen. Darüber war ich, der Plakatekleber, sehr enttäuscht. Hanne erhob dagegen Einspruch, Felix ebenso. Beide sagten mir, dass Adenauer eine ehrliche Haut sei. Harte Bandagen seien im Wahlkampf beidseitig gefordert. Ich aber wollte Derartiges nicht hören.

Aufatmend jedoch sahen Hans und Felix mir dabei zu, wie ich trotz allem weiter klebte. Ohne Unterlass.

BUNDESTAGSWAHL 1949

Die erste Wahl zum Deutschen Bundestag findet am 14. August 1949 statt. 78,5 Prozent der Wahlberechtigten geben ihre Stimme ab. Elf Parteien und Wählervereinigungen ziehen ins Parlament ein. CDU/CSU werden mit 31 Prozent stärkste Fraktion, die SPD kommt auf 29,2 Prozent, die FDP auf 11,9 Prozent, die Kommunistische Partei erreicht 5,7 Prozent usw. Konrad Adenauer wird von der Koalition aus CDU/CSU, FDP und DP zum ersten Bundeskanzler gewählt – mit nur einer Stimme Mehrheit. Dieses Amt behält er bis Oktober 1963. Kurt Schumacher übernimmt den SPD-Fraktionsvorsitz. Im September 1949 wird FDP-Chef Theodor Heuss zum ersten Bundespräsidenten gewählt.

ANFANG OKTOBER 1949 war Hanne nach Hamburg gekommen. Am 8. Oktober lasen wir drei in den Morgenblättern, dass die Sowjetunion am Tag zuvor im Gegenzug zur Gründung der Bundesrepublik die Deutsche Demokratische Republik ausgerufen hatte. Ein Mann namens Walter Ulbricht war zum stellvertretenden Vorsitzenden des Ministerrats bestellt worden. Er würde sich unverzüglich daranmachen, die DDR in das Ostblocksystem der UdSSR zu integrieren, so stand es zu lesen.

Wir schwiegen lange Zeit. Schließlich sagte Hanne, »unerwartet kommt die Meldung nicht. Der Einigkeit der drei westlichen Demokratien hat Stalin seinen Stempel der Diktatur entgegensetzen müssen.«

BITTE LASST DAS LICHT NICHT AUSGEHEN ÜBER MEINEM LAND. NICHT EIN ZWEITES MAL!

Voller Sorge hatte ich das einmal geschrieben. Doch heute – Hand aufs Herz – kann ich nicht beschwören, dass ich der Autor dieses Satzes bin.

Ein anderer oder ich. Wichtig ist das nicht. Wichtig ist mir, zu erwähnen, dass ich, Nacherzähler der Ereignisse, mir sagen musste, dass aus *meinem Deutschland* an einem Oktobertag 1949 zwei Deutschlands geworden sind.

Meine guten Gedanken begleiten jenen Chronisten, der die Fortsetzung dieses Buches schreibt. Er – oder sie – wird von Wiedervereinigung und Frieden schreiben. Einem Frieden, der allerdings – wie kann's auch anders sein – wieder mal gefährdet ist.

Ich, Hardy Krüger, habe meine Pflicht und Schuldigkeit getan. Und füge nur noch an, was über Freunde, Träume und Hoffnung abzuschließen bleibt.

ZU GUTER LETZT

HIER KOMMT ALSO NUN, was über Freunde, Träume und Hoffnung nachzutragen bleibt. Der Reihe nach:

HANS SÖHNKER. Wir sind uns immer treu ergeben. Nur sein Tod hat uns getrennt. Und dies in einem hohen Alter.

Als Hitlers mörderischer Krieg zu Ende war, ließ Hanne die Trümmer seiner Villa wegschaffen und hat das Garagenhaus zum Heim umgestaltet. Wir haben schöne Stunden darin verlebt. Wenn er nach München filmen ging oder in einer anderen Stadt auf der Bühne stand, hat er mich darin wohnen lassen. Seit ich nach dem Film *Hatari* die Farm *Momella* kaufte, habe ich mir immer wieder Ferien – angesichts des Kilimandscharo – mit ihm gewünscht, doch am heiligen Berg der Afrikaner hat er mich nie besucht. Ich glaube, dass ihm insgeheim das Fliegen nicht gelegen kam.

HELMUT SCHMIDT. Wenn ich an ihn denke, stehe ich ihm so unverbrüchlich gegenüber, wie ich einst Hanne

Söhnker gegenüberstand. Unser vormaliger Kanzler hat seine letzten Jahre ohne die geliebte Loki verbringen müssen. Als ich in einem Sommer wieder einmal in Hamburg war und er mich hat sehen wollen, konnten wir nicht wissen, dass unser Händeschütteln das letzte in einer langen Freundschaft war. Ich bin dem gütigen Schicksal dankbar, dass mir der Weg zu jener Begegnung gewiesen worden ist.

Auf den gemeinsamen Weg, den ich mit Helmut Schmidt habe gehen dürfen, komme ich noch zurück.

FELIX JUD. Auch er ist in Würde alt geworden. Was ich all die Jahre über schrieb, habe ich ihm geschickt. Auch das, was in Hollywood entstand. Doch niemals war ihm etwas gut genug. Dann aber geschah Afrika in meinem Leben. Ich schrieb im Busch. In einem Zelt. Ganz nahe an Büffeln. Flusspferden. Löwen. Anderen Tieren. Was in jenen Wochen dort entstand, war die Chronik einer Farm. Von den ersten Siedlern bis zu mir. Das Manuskript hat Felix während einer langen Nacht gelesen. Hat mir zugenickt, »jetzt bist du gut«, und hat meine Arbeit zu Ledig-Rowohlt hingetragen. Der hat mit der Hand den Titel drauf geschrieben: *Eine Farm in Afrika.* Und das Manuskript gedruckt. Im Jahr 1970 ist das gewesen. Diesem Buch sind andere gefolgt. Ohne den Buchhändler aus Hamburg wär das nie geschehn. Er ist es gewesen, der einen Traum erfüllte, den ein kleiner Steppke einstens träumte.

DEN TRAUM VOM FLIEGEN habe ich mir selbst erfüllt. Als uns Deutschen nach dem Krieg das Fliegen nicht erlaubt gewesen ist, habe ich den Schein in der Schweiz gemacht.

Mein großer Spaß waren einmotorige Maschinen. Gemeinsam mit meinem langjährigen Freund, dem Hamburger Dieter Seelmann, habe ich mir eine Cessna angeschafft. Mit der sind wir lange Strecken abgeflogen. Nach Israel. Bis London. Nach Schottland weiter. Den Nil aufwärts, vorbei am Kilimandscharo bis zur Rasenpiste meiner Farm *Momella*. Und … und … und. Herrlich ist das gewesen. Wie gesagt, ein Traum.

ALBERT FLORATH. Beginnend mit der Saison des Nachkriegsjahres 1946 ist er in Hamburger und Berliner Theatern aufgetreten. Bevor ich in andere Länder zog, habe ich auch die eine oder andere Szene in einem deutschen Film mit ihm gespielt. Wenn wir abends miteinander ausgegangen sind, habe ich mit ansehen müssen, wie er Schritt für Schritt dem Alkohol verfiel. In unseren Gesprächen erfuhr ich, dass er sich nach wie vor die Rolle in dem Film *Jud Süss* nie verzeihen konnte. Seine Familie hat mir keinen weißen Brief mit schwarzem Rand geschickt, und als er 1957 starb, war in britischen Zeitungen darüber nichts zu lesen. Erst recht spät, bei einer Rückkehr aus Afrika, habe ich erfahren, dass er »tot gegangen« war. Mit diesen Worten hat Mutter es mir gesagt.

Nicht sonderlich viele Jahre nach dem mörderischsten aller Kriege wurde dieser englische Film mit einem deutschen Hauptdarsteller überraschend zum Sensationserfolg. Dankbar und zutiefst bewegt stand ich vor einer Karriere, die international geworden ist.

GUSTCHEN KRÜGER UND SCHWESTER ILSE. Beide haben glücklicherweise lang gelebt. Solange mein Arbeitsgebiet noch Deutschland war, hat Mutter unter meinem Dach gelebt. Später, als ich durch die Filmländer der Welt gezogen bin, haben mein Schwesterherz, ihr Mann und die drei Kinder sich ihrer auf liebevolle Weise angenommen.

HELMUT SCHMIDT und ich sind uns bei einem Gartenfest begegnet. In Bonn. Willy Brandt war Kanzler. Er ist's gewesen, der das Fest gegeben hat. Ich war in England.

Zu Mutter, in späteren Jahren unter meinem Dach, habe ich über meine Vergangenheit in Söhnkers Untergrund bis hinein in die sechziger Jahre des vorigen Jahrhunderts nur ganz am Rande mal gesprochen. Ihren und ihres Mannes verfehlten Hitlerglauben hat sie bis zu ihrem Lebensende als Schuld getragen. Meine Gedanken dem hinzuzufügen, hab ich nicht übers Herz gebracht.

Grafschaft Herefordshire, ganz genau gesagt. Habe da gedreht. Für die ARD. Einen Durbridge-Dreiteiler, beim deutschen Fernsehpublikum beliebt. Am Drehort hat mich ein Telegramm erreicht. Von Willy Brandt. Mit der Einladung zum Gartenfest.

Correction: Die Einladung ging zurück auf des Kanzlers Gattin. Rut Brandt. Und der Hintergrund dazu ist, wie mir glaubwürdig berichtet wurde, der gewesen: Anders als es bei seinen Vorgängern Usus war, hat Willy Brandt nicht hochrangige Politiker zum Fest geladen, Industrielle oder Professoren bedeutender Universitäten. Dieser Kanzler hat das Volk geladen. Straßenbahner. Lehrer. Kumpel. Journalisten. Gärtner. Handballspieler. Selbstverständlich auch Autoren, Botschafter oder einen Cellisten. Hauptsächlich jedoch das Volk. Und da hat Rut Brandt ihren Mann um die Gefälligkeit gebeten, auch mal einen Schauspieler zum Fest nach Bonn zu laden. Auf die Frage des Kanzlers, wen, hätte Frau Brandt meinen Namen ins Gespräch gebracht. So wird berichtet. Tatsache jedoch ist: Das Telegramm traf ein in Hereford. Ich flog nach Bonn. Nun war ich aber von allen Geladenen derjenige, der bei der Anreise den weitesten Weg zurückzulegen hatte. Deshalb traf ich als Letzter ein. Und das recht spät. In dem Zusammenhang muss festgehalten werden, dass Frau Brandt am Tisch des Verteidigungsministers ihres Mannes saß. Sie soll unruhig gewesen sein und hat wissen wollen, ob dieser Hardy Krüger nun auch wirklich kommt, und wenn ja, warum so spät? Diese Fragen landeten jedes Mal beim Minister für Verteidigung. Und der hieß Schmidt. Vorname Helmut. Die Dame neben ihm war seine Frau. Sie hörte auf den Namen Loki.

Die ständig wiederkehrende Frage nach dem Geladenen ging dem Minister auf den Keks. Oder, wie wir Berliner sagen, auf die Buletten. Und wie Helmut Schmidt mich das am gleichen Abend noch hat spüren lassen, davon spreche ich gleich noch. Erstmal aber muss ich sagen, dass es am Ort des Festes bereits hoch herging, als ich angekommen bin. Den Kanzler in seinem Garten zu finden, war nicht leicht. Als es gelang, rief ich ihm über fremde Köpfe hinweg meinen Dank zu. Für die Einladung. Der Hausherr rief irgendwas zurück, wahrscheinlich, dass es nicht der Rede wert gewesen ist.

Drei Sekunden später wurden wir getrennt von Leuten aus der Gästeschar. Sie hielten mir Papier entgegen. Büchlein. Bilder. Kunterbuntes. Ich schrieb meinen Namen auf alles, was mir hingehalten wurde, will aber gleich erklären: Ich erwähne die Autogramme nicht aus Eitelkeit! Nicht aus Stolz! Wirklich nicht. Warum ich die Sprache überhaupt darauf bringe, liegt daran, dass ich kurz darauf überrascht gewesen bin: Plötzlich kam nämlich Rut Brandt zu mir. Unverhofft zwängte sich diese lebensfrohe Frau zwischen all den Menschen durch, nahm einem Mann – höflich fragend – sein Album aus den Händen, schlug eine Doppelseite auf und hielt mir diese vors Gesicht.

Was ich da sah, errät niemand: Schräg und quer über eine ganze Seite hatte jemand *Hardy Schmidt* geschrieben. Mein fragendes Gesicht löste bei den Umstehenden lautes Lachen aus, und was sie mir dann zeigten, war dies:

Ein jeder Schriftzug in den Alben, sämtliche Autogramme, kurzum alles Kunterbunte wies den gleichen Namen aus, den Helmut Schmidt den ganzen Abend lang hingeschrieben hatte:

Hardy Schmidt

Und dann ging alles schnell. Schelmisch grinsend griff Frau Brandt nach meinem Arm, zog mich vorbei an Leuten an den Tisch des Ministers. Der stand auf. Lachend streckte er mir die Hand entgegen: »Nichts für ungut!« Seine Loki sagte: »Sie haben uns bannig lange warten lassen!«

Ihr Lachen habe ich nicht erwidern können. Auch nicht das ihres Mannes. Weil ich »bannig« gerührt gewesen bin.

Den Rest der Nacht saßen wir zu dritt am Tisch. Bis in die frühen Morgenstunden haben wir geredet. Über Gott und die Welt.

Correction: Nicht über Gott. Es muss die Welt gewesen sein.

DER RÜCKTRITT VON WILLY BRANDT kam für mich unerwartet. Den Übergang zu Kanzler Schmidt habe ich als harmonisch in Erinnerung. Ich sah aus nächster Nähe einen Mann, der das schwere Amt in dem Bewusstsein enormer Verantwortung angegangen ist. Achtzehn-Stunden-Arbeitstage waren keine Seltenheit. Gegen Ende seiner ersten Zeit im Kanzleramt habe ich den Roman *Schallmauer* geschrieben. Es geht darin um die Liebe einer Frau zu einem nicht mehr jungen Testpiloten. Das Buch habe ich verfilmen wollen. Eine Teilfinanzierung wurde mir aus Frankreich zugesagt. In Deutschland war dafür kein Produzent mit Geld zu finden. Auf der Suche nach internationaler Finanzierung bin ich in Israel gewesen. Um es gleich vorwegzunehmen: Die Suche war nicht von Erfolg gekrönt. Den Film habe ich nie machen können. Für mein Leben aber hatte ich in Tel Aviv Erfolg. Unverhofft stand nämlich eine Amerikanerin vor mir. Bildschön. Und jung. Ich habe mich in sie verliebt. Auf eine Weise, die nicht sterblich ist. Auf die gleiche atemlose Weise hat sie sich in mich verliebt. Wir konnten nicht voneinander lassen. Nicht

Beginn einer lebenslangen Freundschaft. Bei einem Gartenfest. In Bonn. Ich war dazu aus Englang hingeflogen. Auf Einladung von Kanzlergattin Brandt.

am Tag. Nicht in der Nacht. In einem Zustand großer Verwunderung bin ich in mein Land zurückgeflogen. Und habe sie in der Maschine bereits vermisst. Ihre Schönheit. Ihre Klugheit. Ihre Bescheidenheit. Ihren Humor.

Am Tag darauf habe ich Anitas Stimme am Telefon gehört. Ja, Anita. Das ist ihr Name. Anita Park. Aus Illinois. Sie hat gesagt: »Bitte hol mich ab«. Ich hab' sie abgeholt.

ES WAR DIE ZEIT des Wahlkampfs, als ich Anita Park nach Hamburg holte. Helmut Schmidt kämpfte um seine Wiederwahl. Die große Veranstaltung der SPD fand im Congress Centrum statt. Am Dammtor-Bahnhof. Mein

Zwei Liebende in Hamburg – Wahlveranstaltung: gegen Franz Josef Strauß – für Helmut Schmidt. Letzterer hat die Wahl gewonnen.

Mädchen aus Illinois saß neben mir in Reihe eins. In ihrem Leben war es sicherlich das erste Mal, dass sie Reden in deutscher Sprache hörte. Ich gebe zu, dass ich mir Sorgen darum machte. Aber ich sah schon bald, und voll Bewunderung, mit welcher Bravour sie im Saal den Eindruck hinterließ, sie würde jedes Wort verstehen. Auf dem Stuhl rechts neben mir saß Inge Meysel. Der Kanzler sprach vom Podium hoch oben über uns. Seine Rede war kämpferisch, klug, norddeutsch und bewegend.

Nach der Veranstaltung gab's in der Kantine etwas zu trinken. Den Arm eng um ihre Schultern gelegt, führte ich Anita – vorbei an unglaublich vielen Menschen – zu Helmut und Loki. Im Jahr 1976 war bereits landesweit und auf der ganzen Welt bekannt, wie gut der deutsche Kanzler Englisch sprach.

Und seine Gattin stand ihm darin nicht im Geringsten nach.

»*May I introduce a friend*«, habe ich deshalb sagen können, »*my friend Miss Park. From Chicago, Illinois.*«

Helmut sah sie strahlend an. In den Pausen seiner Rede – so war mir aufgefallen – hatte Helmut sie bereits mit Interesse angesehen.

»*Pleased to meet you, Miss Park*«, hat er gesagt, »*Hardy's friends are our friends.*« Wozu Loki die Frage stellte: »*Is there a first name to Hardy's beautiful new friend?*«, und die Befragte schnell antwortete: »Anita.« Ohne Pause fügte sie noch an: »*Thank you so much for your kind words. They make me feel very much at home here.*«

Als ich mir sagte, dass der Abend richtig gut beginnt, habe ich kaum zu hoffen gewagt, dass er auch so weitergeht. Doch das tat er. Mit Wärme. Zuneigung. Und Offenheit.

Ein paar Stunden später habe ich Loki leise zu Helmut sagen hören: »Miss Park wird die Deern nicht lange bleiben …«

Und so war's dann auch. Sie blieb es nicht.

Anita. Liebe meines Lebens. Wanderung mit ihr von Land zu Land. Und das seit vierzig Jahren schon.

ANITA UND ICH denken an die Jahre unserer Freundschaft mit Helmut und Loki Schmidt in Dankbarkeit zurück. Aber auch an Stunden banger Sorge, in denen es um den Kanzler ging. Ich denke an Mogadischu, Hanns Martin Schleyer, die Rote Armee Fraktion, wenn ich dies niederschreibe. Ganz besonders denke ich an die Pershings. Gleichgültig, wo wir gewesen sind auf der Welt, weit entfernt von ihm oder ganz in der Nähe. Wir haben einen Staatsmann erlebt, der immer wieder gefordert war, über Tod und Leben zu entscheiden. Und der den Mut dazu aufbrachte, Standhaftigkeit und einen wachen Geist.

Aber auch frohe Stunden haben wir mit den Schmidts durchleben dürfen. In den Bergen Kaliforniens, in München, Hamburg, oder wenn's nicht anders ging, am Telefon.

Nach meinen Jahren in Paris hat mich der Kanzler über die Franzosen ausgefragt. Wenn ich zurück nach Hamburg kam, habe ich die Schmidts in ihrem Haus in Langenhorn besucht. Er kam auch gelegentlich zu uns an die Alster. Wenn er eine Frage zu Hollywood hatte, beispielsweise. Unvergesslich ist mir der Tag, an dem er hat wissen wollen, ob ich etwas über einen seiner Vorgänger zu berichten hätte. Über Konrad Adenauer.

»Allerdings.«, hab' ich gesagt. »Der hat mich nicht gemocht.«

»Was?«, rief Helmut überrascht. »Wie ist das möglich? Ich muss es wissen!«

»Was damals geschehen ist, Helmut, habe ich aufgeschrieben. Anstatt mich aus dem Stegreif zu erinnern, würde ich gerne für Sie lesen, wie's gewesen ist.« Ich nahm ein Buch aus dem Regal und las dem Kanzler vor:

DIE GESCHICHTE ZWISCHEN KONRAD ADENAUER und mir begann in einer Zeit, als ich mir im englischen Film einen Namen gemacht hatte und in London lebte. Das Ereignis selbst hat in Deutschland stattgefunden und geht zurück auf eine antisemitische Aktion, die erste mir bekannte in unserer jungen Republik: Nazis hatten Hakenkreuze an die große Synagoge von Köln geschmiert. Ich erfuhr davon am Telefon, bei mir zu Hause am Eton Square.

Der Redakteur einer Tageszeitung ließ mich wissen, in meinem Heimatland sei Beängstigendes geschehen. Nicht nur seien Hakenkreuze an die Mauern eines jüdischen Gotteshauses geschmiert worden. Darüber hinaus, und das sei als genauso verwerflich anzusehen, habe der Bundeskanzler in einer Rede die Nation zu Gewalt aufzurufen sich erkühnt. Nachdem ich, gefragt nach meiner Meinung, dem Mann antwortete, dass dies für mich kaum denkbar sei, schickte die Redaktion mir einen Boten ins Haus: Er brachte die englischen Übersetzungen deutscher Presse zu dem Fall, die, wenn auch im Wortlaut unterschiedlich, in der Wiedergabe des Geäußerten aber einheitlich gewesen sind. Ich weiß nicht mehr zu sagen, ob die Täter von Köln in den englischen Übersetzungen *Hooligans* genannt wurden oder *Rascals*, ob Adenauer also im Original *Strolche* gesagt hatte oder *Schurken*, schwerwiegend jedoch war das einheitlich wiedergegebene Wort vom *good licking*, einer Tracht Prügel also für die Täter, welche der Kanzler dem Volk angeraten haben soll.

Fast alle Journalisten hatten die gleichen Fragen und gaben sich mit meinem Satz zufrieden, der Vorfall sei in höchstem Grade ärgerlich. Die *Daily Mail* wollte ein Interview mit mir. Ich schüttelte den Kopf. Bei *Frage und Antwort* waren die Karten für mich stets schlecht gemischt gewesen. Denn ganz gleich, wie ich mich verhalte, das Blatt wird aus dem Interview mit einem jungen Deutschen einen Angriff auf seinen betagten Bundeskanzler machen. Und so sagte ich der Redaktion am Telefon: »Zu dem Vorfall schweig ich nicht. Was ich darüber denke, schreib ich auf: Den Artikel drucken Sie aber ohne Änderung.« Sie versprachen es. Und hielten Wort.

In meinem Text habe ich den Kanzler darum gebeten, sich besonnen zu verhalten. Es sei einzig wichtig, habe ich geschrieben, der Wahrheit ins Gesicht zu sehen. Die antisemitischen Exzesse von Köln stünden nämlich im Widerspruch zu der oft geäußerten Meinung unserer Regierung, die Gefahr der Rechtsextremisten sei in unserem Land ein für alle Mal gebannt. Ich weiß noch, die Frage aufgeworfen zu haben, wie es zu vertreten sei, dass wir die Kommunistische Partei Deutschlands für illegal erklären, die Deutsche Reichspartei jedoch, die viele alte Nazis in ihren Reihen hatte, ohne Beschränkung gewähren lassen. Dann habe ich folgende Wahrheiten aufgelistet.

- Lehrer, die noch immer Nazis sind, werden nicht entlassen.
- Der Geschichtsunterricht vermeidet weitgehend die Themen wie die Weimarer Republik, den deutschen Angriffskrieg und den NS-Terror.
- Deutschland baut eine neue Armee auf, bevor überhaupt Werte geschaffen worden sind, die es zu verteidigen gilt.
- Dem Rabbiner von Köln pflichtete ich bei, als er entschied, die Hakenkreuze sollten als Warnung und Mahnung an seiner Synagoge so lange belassen werden, bis die Gefahr von rechts gebannt sei.

In den Tagen darauf wurde mein Text von deutschen Blättern in Übersetzung nachgedruckt. Ich sagte mir, der Bundeskanzler wird – falls er den Artikel jemals zu Gesicht bekommt – erkennen, dass mein Text das Problem positiv behandelt. Geschrieben von mir, einem Mann der neuen Generation in einer neuen Republik. Doch der Kanzler war zornig. In einem Bericht, der in Bonn erschienen war, wetterte Konrad Adenauer gegen einen Deutschen, der es für nötig hielt, von England aus der eigenen Regierung Verhaltensweisen vorzugeben. Meinen Namen hatte der große Alte zwar nicht genannt, aber wer da gemaßregelt wurde, hatten die Redakteure der Fleet Street leicht erraten. Sie lasen des Kanzlers Kritik an einem jungen Deutschen, der noch nicht begriffen hatte, dass Politik von Politikern zu machen sei. Die *Daily Mail* forderte erneut ein Interview. Der Redakteur sagte, es gehe um die Frage, was das wohl für eine Republik sei, deren Kanzler einem seiner Bürger die freie Meinungsäußerung untersagen wolle. Die alte Tante *Mail* bekam ihr Interview. Es war das dritte Mal, dass ich Schaden abzuwenden hatte. Beim dritten Mal nahm der Künstler seinen Kanzler nicht in Schutz.

Für mich war die Geschichte hier beendet, Schmidt aber fragte mich weiter aus.

»In einem Schweizer Blatt stand mal zu lesen, dass Sie Adenauer begegnet sind, wenn auch nur ein einziges Mal. War er zu der Zeit noch im Amt?«

»Und wie«, sagte ich. »Er war zum vierten Mal wiedergewählt worden.«

Helmut nickte. »1961 also. Das Jahr, in dem durch eine Mauer verkündet wurde, dass die Existenz zweier Germanys als endgültig zu betrachten sei.«

Er klopfte aus einer hölzernen Dose etwas Schnupftabak auf den Rücken seiner Hand. »Und damals habt ihr beide euch zum ersten Mal die Hand geschüttelt.«

»Nicht die Hand geschüttelt.«

»Nicht?«

»Nein.«

»Nun erzählen Sie doch schon!«

»Na gut«, sagte ich, und las ihm vor, was sich zugetragen hatte. Für mein Buch *Wanderjahre* schrieb ich diese Episode einmal auf und gebe sie gekürzt wieder.

IM AMERIKANISCHEN SEKTOR VON BERLIN, an den Havelseen, steht das Jagdschloss Grunewald. Einer der Preußenkönige hat es errichten lassen. Der unfähigste ihrer Nachkommen, Kaiser Wilhelm II., stieg bei seinen morgendlichen Ausritten durch den Grunewald oftmals bei einem wahrhaft schönen Herrenhaus aus dem Sattel, wo er sich von den Besitzern, einem schwedischen Ehepaar, erlesene Weine kredenzen ließ. Dieses Herrenhaus hat vieles überlebt: zwei Weltkriege. Großmäulige Nazibonzen. Eine verheerende sowjetrussische Besatzungszeit. Die Degradierung zum Wohnheim amerikanischer Offiziere. Und schließlich, in den fünfziger Jahren des vorigen Jahrhunderts, ist das Schloss Eigentum des Westberliner Senats geworden. Der wiederum hat es einem Berliner Hotelier namens Wolfgang Gehrhus erlaubt, dem Gebäude seinen Namen zu geben und ein Vier-Sterne-Hotel daraus zu machen. Nun, an dieser Stelle komme ich ins Bild. Zwischen Goldgerahmtem, Holzgetäfeltem, bei einem Ball der Berlinale. Und ich weiß noch, wie Gehrhus sagt, er würde mich die Kaiser-Suite bewohnen lassen, wann immer ich in Berlin einen Film zu drehen hätte, über den Übernachtungspreis ließe er schon mit sich reden, und lediglich wenn der Bundeskanzler sein Haus beehre, hätte ich in eine andere Suite umzuziehen.

Fortan hatten wir etwas Gemeinsames, der alte Herr und ich. Wenn ich in dem Seidensessel saß und Dialoge lernte, kam es vor, dass ich an Adenauer dachte. In demselben Sessel sitzend. Stöhnend. Wegen der vielen Worte auf Papier in seiner Hand. Worte, die er sich für eine Rede einzuprägen hatte. So wie ich, der Sätze auswendig zu lernen hatte, im selben Sessel und mit dem gleichen Stöhnen aus gequälter Brust.

Wir hatten auch Tisch und Bett gemein – sozusagen.

Das jedenfalls von Zeit zu Zeit. Begegnet aber sind wir uns in all den Jahren nicht. Das geschah erst zwei Jahre nach den Hakenkreuzen an einem Gotteshaus in Köln. Adenauer hatte die Nacht in der Kaiser-Suite verbracht. Ich in der Suite gleich nebenan.

MEINE BEGEGNUNG MIT DEM ERSTEN KANZLER unserer Republik geschah an einem Morgen. Um halb neun. Ein Mädchen von der Rezeption hatte das Telefon auf meinem Schreibtisch klingeln lassen. »Ihr Taxi ist jetzt da.«

Ich stieg die Schlosstreppe nach unten. Im Ballsaal stand vor jeder Tür ein Mann. Ich sagte: »Leute, ihr seht verdammt noch mal ganz unauffällig aus.« Die Kerle lachten. Einer schüttelte die Faust. Es war eine freundschaftliche Art, die Faust zu schütteln.

Vor dem Tisch der Rezeption stand Wolfgang Gehrhus. Er hatte eine schwarz-rot-goldene Krawatte angelegt. Ich mochte ihn. Abends, nach der Dreharbeit, wartete er oft an seiner Bar mit einem Pils für mich. Wenn es vorkam, dass ich von seiner Speisekarte sagte, diesen piekfeinen Kram kenn ich jetzt rauf und runter, meinte er: »Komm mit, wir gehn in die Küche, Kartoffelpuffer machen.«

Gehrhus schien mir nervös an jenem Morgen. Als ich nach draußen ging, sah ich gleich, warum. Der schwarze Sechshunderter mit dem Stander des Bundeskanzlers stand in der Auffahrt zum Hotel. Vor die gepanzerte Limousine hatte sich ein Peterwagen gestellt. Ein zweiter Mercedes mit Bonner Nummer stand hinter dem Fahrzeug des Regierungschefs.

Der weitläufige Hof war voll mit grünen Motorrädern. Neben jedem stand ein Polizist. Die Männer hielten weiße Helme in den Händen. Das Eingangsportal war zur Straße hin geschlossen. Dahinter drängte sich eine Menschenmenge an das kunstvoll geschmiedete Tor. Ich überlegte laut, wo denn mein Taxi sei. Die Antwort kam von einem Offizier der Polizei. »Vor dem Tor«, sagte er, »in der Brahmsstraße.«

Der Mann ging zu Gehrhus hin. Er schien mir ungewöhnlich groß. Sein Haar war grau.

»Bitte lassen Sie mein Taxi rein«, bat ich ihn und sah dem Schütteln seines Kopfes zu. »Es ist für mich peinlich«, sagte ich, »wenn ich jetzt da rausgehe und mir einen Weg durch die Menschen zu dem Taxi bahnen muss. Weil der eine oder andere von den Leuten sich möglicherweise ein Autogramm wünscht. Und damit wär das Tor blockiert.«

»Na, na«, sagte der Polizist. »Autogramme!« Er stieß ein Lachen aus. »Nun wollen wir doch aber bescheiden bleiben!«

»Hör mal, Wolfgang«, sagte ich zu dem Hotelier. »Dieser Mensch hier beginnt mich zu ärgern. Bitte lass das Taxi reinholen, bevor der Bundeskanzler runterkommt.«

»Das ist unmöglich!«, bellte der Offizier zu mir runter. Ich hörte was von Befehlsgewalt, und dass die bei ihm sei, und ich hätte überhaupt nichts zu melden.

»Wolfgang«, sagte ich. »Wir machen das jetzt so: Du gehst zum Tor und bittest die Reporter in den Hof. *BZ*. *Bild*. *Tagesspiegel*. Das Mädchen von der *Morgenpost*. Du kennst ja alle Lokalreporter, die da draußen in der Menge stehn. Hol sie rein. Weil ich ihnen was mitzuteilen habe.« Gehrhus sah mich flehend an: »Was willst du um Himmels willen denn erzählen?«

»Was hier vor sich geht«, sagte ich. »Nämlich: Unter diesem Dach wohnen zwei Männer. Beide sind Deutsche. Beide sind berufstätig. Der eine ist als Kanzler angestellt. Der andere als Schauspieler. Beide wollen zur Arbeit. Der eine will eine Rede halten, in Schöneberg vor dem Parlament. Der andere will einen Film synchronisieren, in Lankwitz vor den Mikrofonen eines Studios. Keiner der beiden zahlt seine Hotelrechnung aus eigener Tasche. Die Rechnung des einen übernimmt die Stadt Berlin. Die Rechnung des anderen übernimmt die Paramount in Hollywood. Es leben also beide zu gleichen Bedingungen unter diesem Dach. Auch vor dem Gesetz sind beide gleich. Sollten gleich sein. Sind es aber nicht. Denn: Die Zufahrt zum Hotel wird dem Fahrzeug des einen von der Polizei gestattet. Das Fahrzeug des anderen wird an der Einfahrt in denselben Hof durch die Polizei gehindert.«

Ich wartete. Wolfgang Gehrhus strich mit flacher Hand über die Krawatte. Der Offizier machte ein Gesicht wie Stein. Ich sagte: »Sollte es je in meinem Leben noch einmal vorkommen, dass ein gottverdammter Polizist einem friedfertigen Bürger Befehlsgewalt androht, grad so, als wär'n hier noch immer Nazis um uns rum, dann brülle ich meine Wut über die Stadt hinweg, und zwar so laut, dass in ganz Berlin die Scheiben klirren!«

Wolfgang Gehrhus ging auf den Hof hinaus. Er winkte zwei Pagen herbei und ließ das Tor öffnen. Die Menschen formierten eine Gasse. Das Taxi bahnte sich seinen Weg zum Hof. Die Polizisten schoben ihre Motorräder seitwärts fort.

Der Offizier zog es vor, nichts mehr zu sagen. In seinen Augen sah ich blanken Hass. Mein Taxi rollte die Auffahrt hinauf und kam hinter dem Mercedes aus Bonn zu stehen, der etwas kleiner als das Kanzlerauto war. In der nächsten Minute hörte ich Schritte. Eilige. Viele. Männer, schwarz gekleidet, hasteten am Tisch der Rezeption vorüber. Ich gab die Hoteltür frei.

Konrad Adenauer kam durch das grelle Licht der Rezeption.

Wolfgang Gehrhus verbeugte sich vor ihm. Der Bundeskanzler ging recht langsam. Seine Augen waren eng. Klein. Müde. Unwirsch. Verletzt. Ich dachte mir, ganz sicher oft verletzt. Unerträglich oft.

Die Schwarzgekleideten waren bei dem Mercedes angekommen. Sie hatten eilfertig zu sein. Bemüht. In ihrer Bemühtheit bekamen sie den Wagenschlag nicht auf. Adenauer musste warten. Wir standen nahe beieinander. Ich sagte: »Herr Bundeskanzler, guten Morgen.« Er nickte. Und sah seinen Bemühten zu. »Juten Morjen.« Dann traf sein Blick mein Gesicht. Ich fragte mich, ob er wohl überlegte, was mit diesem jungen Deutschen anzufangen sei, doch die Überlegung hielt nicht lange an. »Ah-jaa«, meinte er, »dann sin' Sie dat wohl, der Herr Krüjer.«

Ich war einer von denen, die den Mann verletzt hatten. An seinen Augen konnte ich das sehen.

»Ja, Herr Dr. Adenauer«, sagte ich, »Hardy Krüger, das ist mein Name.«

Die Eifrigen vor der Limousine traten beiseite. Es war ihnen gelungen, den Wagenschlag zu öffnen. Der Kanzler zögerte. Nur kurz. Wie einer, der etwas sagen will. Etwas mit Bedauern. Über Vorgefallenes, das vergangen ist. Oder

Bedauern über so ein Voreinanderstehen, steif, grau im Gemüt. Er schien nach einem Wort zu suchen. Und fand es nicht.

Ich war auf gleiche Weise stumm. Dann fiel mir ein, daß ich sagen konnte: »Herr Bundeskanzler, ich wünsche Ihnen Glück.« Und ich sagte ihm das auch.

Er sah mich an. »Danke. Dat kann isch jut jebrauchen.« Dann ging er langsam zur Auffahrt hin.

Vom Eingangstor schallte ihm Jubel entgegen. Er zog den Hut und hielt ihn grüßend in die Luft. Polizisten unter weißen Helmen nahmen stramme Haltung an.

Konrad Adenauer ließ sich in den Fond des Wagens fallen. Männer in Schwarz sprangen in den zweiten Wagen. Krafträder wurden angetreten.

Ich erreichte das helle Auto, hörte die Polizeisirenen heulen und hörte den Taxifahrer sagen: »Na hier is' aba villeich' wat los!«, und aus dem, was eben noch zum Nachdenken Anlass gab, was von der Stimmung her in ein Drama passte, wird im gleichen Augenblick eine eilig hingeschriebene Komödie.

Nämlich: Die Kanzlerkolonne setzt sich in Bewegung. Vorneweg die weißen Mäuse. Danach ein Peterwagen. Blaulichter. Heulende Sirenen. Dann die Staatskarosse mit dem Kanzler. Danach der Mercedes der Beflissenen aus Bonn. Dann wer? Ich. In einem Taxi. Hinter mir, in Zweierreihen, weiße Mäuse.

Wir fahren durch das Tor. Die Menge jubelt. Einer ruft: »Kiek ma! Olle Hardy!«

Ich klettere auf den Rücksitz. Lege mich … versteckend … auf die Bank. Von unten her kann ich aber noch immer die Gesichter beim Eisengitter sehen. Reihen und Reihen von Menschen stehen am Rand der Straße. Winken ihrem Kanzler zu. Schulkinder halten Fähnchen in den Händen.

Die Kolonne nimmt Kurs aufs Roseneck. Ich sage zu dem Fahrer: »Spätestens am Hohenzollerndamm schlagen wir uns seitwärts in die Büsche.«

Der Mann dreht sich zu mir um: »Wie soll'n det jehn? Wo doch alle Seitenstraßen vonne Polente abjesperrt sin'.«

Er kurbelt das Fenster runter. »Ick mach det jenau wie der olle Konrad! Immer freundlich winken! Det sin' wia de Leute schuldich.« Er streckt die Hand zum Fenster raus und bewegt sie fröhlich auf und ab.

Der Mann genießt das Glück der Stunde. In der Badenschen Straße sagt er: »Also, Hardy, Junge, dir fahr ick öfta! Bei dir is' wenstens wat los!« Dann brüllt er auf vor Lachen.

IN DAS TAXIFAHRERLACHEN MISCHT sich das von Helmut Schmidt. Ich sehe seinem Lachen zu. Und denke mir, was er jetzt denkt:

Adenauer und ein Schauspieler, der das Protokoll des Staates durcheinanderbringt.

Schmidt und ein Schauspieler, der ihn froh macht … ihn zum Lachen bringt.

Kanzler und Künstler. Er sagt es nicht.

Braucht es nicht zu sagen.

Kanzler und Künstler. Ich weiß, dass er es denkt.

WAS DAS LEBEN SICH ERLAUBT, was mir in den Jahren meiner Kindheit, meiner Jugend widerfuhr, wer mich unter Einsatz seines Lebens Wahrheit lehrte, wen ich an Tätern und an Opfern kannte, davon habe ich in diesem Buch geschrieben. Es darf nicht sein, dass sich meine Schmerzen früher Jahre in der Generation von heute wiederholen. Und so reise ich denn durchs Land, gehe in die Schulen, spreche von *meinem Deutschland*, das wir vor Jahrzehnten schufen.

Der Achtundachtzigjährige, der ich geworden bin, sagt jungen Menschen, dass Demokratie nicht selbstverständlich ist. In der Sicherheit einer Nation, die geeint und friedvoll ist, haben wir lange Zeit gewähnt, dass wir frei von Wiederholung sind. Doch nichts kann sicher sein in einer Welt von Populisten, in der neu erwachter Pöbel die Parolen alter und neuer Nazis in die Lande schreit. Dem Fremdenhass, der schon einmal für uns Tragödie wurde, müssen wir uns vehement entgegenstellen. Mit Schweigen kann ich das nicht ertragen. Und ich bitte junge Leute, es mir gleichzutun.

Was das Leben mir erlaubte, nachdem endlich Frieden herrschte, das war Arbeit, die ihren Anfang auf deutschen Bühnen nahm und mich schon bald in andere Länder ziehen ließ. In die Welt des Films. Nach England, Frankreich, Australien, Russland, Italien, den USA. Und auch nach Ostafrika, wo die Farm *Momella* mir zur zweiten Heimat wurde. Doch Deutschland hab' ich stets im Blick gehabt.

Was das Leben mir dann schenkte, das war eine Frau. Ich habe schon von ihr erzählt, meiner großen Liebe Anita. Die

Es darf nicht sein, dass sich die Todesnähe meiner frühen Jahre für die junge Generation wiederholt. Und so fahre ich durchs Land. Gehe zu Gymnasiasten in die Schulen. Sage ihnen, dass sie nicht schweigen dürfen zu den verbrecherischen Thesen von gefährlich rechts und ganz weit links. Dass sie zur Wahl gehen müssen, wenn sie dazu aufgerufen sind. Sage ihnen das und noch viel mehr. Weil es schlussendlich das Leben dieser jungen Menschen ist. Deren Zukunft. Unser Land.

immer bei mir ist. Seit vierzig Jahren schon. An jedem Tag. Ganz gleich, wo wir auf diesem Planeten sind. Wo wir ein Zuhause fanden. Und das noch immer tun. Auch in die Gymnasien kommt Anita mit. Sieht voller Anteilnahme in die Gesichter junger Menschen. Und diese sind es, an die ich mich mit Nachdruck auf den letzten Seiten meines Buches wende:

Hebt Euch ab von Politikverdrossenen und anderen Gedankenlosen, die uns schon einmal ins Verderben haben gehen lassen.

Schweigt nicht zu den verbrecherischen Thesen von gefährlich rechts und ganz weit links.

Folgt mit wachen Augen den Entscheidungen der Politiker, die gewählt wurden mit der Verpflichtung, uns mit Besonnenheit zu lenken.

Geht zur Wahl, sobald Ihr dazu aufgerufen seid.

All dies – und viel Eures Eigen-Erdachtem mehr.

Weil es Euer Leben ist.

Eure Zukunft.

Unser Land.

NACHWEISE

Textnachweise

Alle Zitate stammen aus Hardy Krüger, *Wanderjahre* (Köln 1998), bis auf das Zitat auf Seite 192f., das Hardy Krügers Erzählband *Die andere Seite der Sonne* entnommen ist (Köln 2007).

Bildnachweise

Baden-Württemb. Luftfahrtverband	47
Getty Images	45 o., 139
pa picture alliance	45 u., 67, 219, 155
Rainer Surrey	236

Alle anderen Motive entstammen Hardy Krügers Privatarchiv.